Rainer Brüderle
Jetzt rede ich!

Ein Gespräch mit Hugo Müller-Vogg

Rainer Brüderle
Jetzt rede ich!

**Ein Gespräch mit
Hugo Müller-Vogg**

**Bibliografische Information
der Deutschen Nationalbibliothek**
Die Deutsche Nationalbibliothek verzeichnet diese
Publikation in der Deutschen Nationalbibliografie;
detaillierte bibliografische Daten sind
im Internet über http://dnb.d-nb.de abrufbar.

ISBN 978-3-95768-113-3
© 2014 Lau-Verlag & Handel KG, Reinbek/München
Internet: www.lau-verlag.de

Umschlagentwurf: Atelier Versen, Bad Aibling
Satz: Lau-Verlag & Handel KG, Reinbek
Druck- und Bindearbeiten: GK Druck Gerth und Klaas GmbH & Co. KG, Hamburg
Printed in Germany

Inhalt

Zu diesem Buch

Selbst in einem gewissen Abstand zur Bundestagswahl 2013 fallen einem zwei Vorstellungen immer noch schwer: Ein Deutscher Bundestag ohne Freie Demokraten und eine FDP ohne Rainer Brüderle, jedenfalls ohne Brüderle in einem herausragenden Amt. Denn fast zwei Jahrzehnte lang, seit seiner ersten Wahl zum stellvertretenden Bundesvorsitzenden im Jahr 1995, gehörte Rainer Brüderle zu den führenden Politikern der Freien Demokraten. Der joviale Mann aus Mainz war in dieser Zeit der wirtschaftspolitische Kopf seiner Partei, einer ihrer einflussreichsten und bekanntesten Politiker.

Die Kabarettisten liebten ihn, weil er noch schneller spricht, als er denkt, dabei ganze Silben und halbe Worte verschluckt. Die politischen Gegner in Parteien und Medien taten ihn seines pfälzischen Dialekts wegen als Provinzler ab. Tatsächlich hat Rainer Brüderle in seinem politischen Leben viel mehr erreicht, als seine Kritiker für möglich gehalten hätten: hauptamtlicher Beigeordneter in Mainz, zwölf Jahre lang Wirtschaftsminister in Rheinland-Pfalz, stellvertretender Partei- und Fraktionsvorsitzender, Bundeswirtschaftsminister, Fraktionsvorsitzender im Deutschen Bundestag.

Für mittelständische Unternehmer, für Freiberufler und Manager war Brüderle der Garant für eine Politik im Sinne Ludwig Erhards, die Wachstum den Vorrang gibt vor Umverteilung und Chancengerechtigkeit vor Gleichmacherei. Unnötige staatliche Reglementierungen und jede gutmenschliche Bevormundung gehen ihm gegen den Strich. Als Bundeswirtschaftsminister hat er mit der Ablehnung staatlicher Hilfen für Opel Rückgrat bewiesen. Er wäre zurückgetreten, wenn ein unfähiges Management mit Steuergeldern subventioniert worden wäre.

Auch wenn „Mister Marktwirtschaft" stets Klartext redet, ist er kein Ideologe. Er ist eher ein Meister des politischen Pragmatismus. Das bewies er zum Beispiel im Jahr 2000. Als wirtschaftspolitischer Sprecher der FDP-Bundestagsfraktion war Brüderle ein scharfer Kritiker der Regierung Schröder-Fischer. Gleichwohl verhalf er der rot-grünen Steuerreform im Bundesrat zur Mehrheit, indem er seine in Rheinland-Pfalz mitregierenden Parteifreunde überzeugte, ein Ja der Landesregierung im Bundesrat mitzutragen. Als Gegenleistung handelte er Rot-Grün unter anderem eine Senkung des Spitzensteuersatzes auf 42 Prozent ab.

Im Januar 2013 erreichte die politische Laufbahn des „Mister Marktwirtschaft" ihren Höhepunkt: Die FDP rief ihn zum Spitzenkandidaten für die Bundestagswahl aus. Es war freilich eher ein Himmelfahrtskommando als eine Spazierfahrt. Die FDP war zerstritten, hatte die meisten ihrer Wähler von 2009 enttäuscht und rangierte Ende Januar in den Umfragen bei 4 Prozent. Zudem war schon Brüderles Kür zum „Gesicht und Kopf" der Liberalen mit dem Makel behaftet, dass Philipp Rösler ihm damals plötzlich – entgegen allen Absprachen – den Parteivorsitz angeboten hatte. Brüderle griff bei diesem, von Parteifreunden wie Beobachtern als vergiftet bezeichneten Angebot jedoch nicht zu. Der Liberale ist ein gewitzter und gewiefter Mann der Absprachen und „Deals", aber kein Hasardeur.

Die Folgen der vom Parteivorsitzenden verpatzten Kür des Spitzenkandidaten hätten sich im Laufe des Wahljahres noch ausbügeln lassen. Doch drei weitere Ereignisse sorgten dafür, dass das Jahr 2013 für Rainer Brüderle zum „bittersten" seines politischen Lebens wurde, wie er selber konstatiert. Zunächst veröffentlichte der „Stern" einen offenbar von langer Hand vorbereiteten Artikel, in dem eine „Stern"-Redakteurin den Eindruck erweckte, sie wäre von dem FDP-Politiker belästigt worden.

Kaum war das mediale Beben über Sexismus im Allgemeinen und den angeblichen „Chauvi" Brüderle im Besonderen verebbt, zog sich der Spitzenkandidat bei einem Sturz schwere Brüche zu. Von da an schleppte sich der FDP-Spitzenmann, eigentlich einer der besten Wahlkämpfer unter den deutschen Politikern, unter Schmerzen von Marktplatz zu Marktplatz, von Termin zu Termin. Dass er durch die Sexismus-Debatte spürbar angeschlagen war, bemerkten alle, die ihn kannten. Jetzt sah jeder, dass Rainer Brüderle auch physisch nicht mehr der alte war. Der Eindruck war nicht hilfreich: Eine Partei kämpft ums Überleben – angeführt von einem angeschlagenen Bannerträger.

Dies alles wäre längst vergessen, wenn die Freien Demokraten am 22. September 2013 erreicht hätten, was ihnen seit 1949 immer gelungen ist: der Sprung über die 5-Prozent-Hürde. Aber als abgerechnet wurde, fehlten rund 100.000 Stimmen. Nicht viele bei 65 Millionen Wahlberechtigten – und doch zu viele. So sitzen zum ersten Mal im Deutschen Bundestag nur noch Umverteilungsparteien, aber nicht mehr in einer eigenen Fraktion organisierte überzeugte Marktwirtschaftler.

Politik ist ein hartes, ja gnadenloses Geschäft. Wie andere Politiker hat Rainer Brüderle gelernt, auch einstecken zu müssen: offene Attacken vom politischen Gegner, als Nachrichten getarnte Angriffe von den Medien, nicht zuletzt auch hinterhältige Manöver von so genannten Parteifreunden. Zu den meisten Vorwürfen und Unterstellungen hat er im Wahljahr 2013 geschwiegen.

In diesem Buch zieht er Bilanz. Hier spricht ein Politiker, der unverändert darunter leidet, dass seine Partei nicht mehr im Bundestag vertreten ist. Rainer Brüderle äußert sich zum ersten Mal zu den „Sexismus"-Vorwürfen, schildert die Umstände seines Sturzes und der langwierigen Genesung, gibt Einblicke in das Innenleben der Freien Demokraten im Schicksalsjahr 2013 und erklärt, warum die FDP als Regierungspartei zwischen 2009 und 2013 nicht „geliefert" hat, was sie vollmundig versprochen hatte. Rainer Brüderle übernimmt Verantwortung für das Wahldebakel, lehnt aber die Rolle des Alleinschuldigen ab.

Dieser Gesprächsband ist weder eine Biografie noch ein Vermächtnis. Das Buch soll vielmehr einen Beitrag leisten zum besseren Verständnis dessen, was zur bittersten Niederlage der FDP in der Geschichte der Bundesrepublik Deutschland geführt hat. Rainer Brüderle findet deutliche Worte, wäscht aber keine schmutzige Wäsche.

Das Buch beruht auf vielen ausführlichen Gesprächen, die ich zwischen November 2013 und Februar 2014 mit Rainer Brüderle geführt habe. Im Nachhinein bleiben immer noch Fragen, die man hätte stellen können. Auch fiel manche Antwort nicht so präzise aus, wie der Fragesteller es sich gewünscht hätte. Gleichwohl dürfte dieses Buch seinen Zweck erfüllen: Der FDP-Spitzenkandidat schildert das Schicksalsjahr der Liberalen aus seiner Sicht – offen und authentisch.

Bad Homburg und Berlin, Februar 2014
Hugo Müller-Vogg

1. "Wir haben fertig":
Der 22. September und die Folgen

„Ich bin in diesem Jahr 40 Jahre in der FDP. Das vierzigste Jahr war das bitterste Jahr für mich persönlich. Es war auch das bitterste Jahr für den politisch organisierten Liberalismus in Deutschland. Es war das bitterste Jahr für unsere FDP.

Leider konnte ich meinen Auftrag als Spitzenkandidat nicht erfüllen: Den Wiedereinzug der FDP in den Bundestag, das Wiedererlangen des Regierungsauftrags.

Es gab in Teilen der Öffentlichkeit geradezu eine Vernichtungssehnsucht gegen uns, auch gegen mich persönlich.

Deshalb möchte ich zunächst einmal „Danke" sagen. Danke dafür, dass Ihr in großer Zahl zu mir gehalten habt, als ich persönlich angegriffen wurde.

Ich sage auch danke dafür, dass Ihr in großer Zahl zu mir gehalten habt, als ich schwer gestürzt bin und oft unter großen Schmerzen mein Programm absolviert habe.

Meine liberale Familie hat in den schwersten Stunden zu mir gehalten. Das werde ich nicht vergessen. (…)

Klar, wir haben viel aufzuarbeiten nach dieser verheerenden Niederlage. Aber auch dabei geht es um Stil.

11

Wir sollten uns hier ehrlich die Meinung sagen. Aber wir sollten nicht vergessen: Die FDP wird als politische Kraft gebraucht und nicht als Selbsterfahrungstruppe."

(Rainer Brüderle auf dem FDP-Bundesparteitag am 7. Dezember 2013 in Berlin)

Als Sie am Nachmittag des Wahlsonntags erfahren haben, die FDP werde wohl unter fünf Prozent bleiben, was ging Ihnen da als erstes durch den Kopf?

Ich wollte es eigentlich nicht wahr haben. Meine Einschätzung war, es ist offen, ob wir weiterhin zusammen mit der CDU/CSU regieren können. Dass wir nicht in den Bundestag kommen könnten, der Gedanke war mir völlig fremd. Das hielt ich für ausgeschlossen. Deshalb dachte ich, dass die Meldungen, die am Wahltag im Laufe des Nachmittags durchsickerten, falsch sind. Bei diesen Wahlnachfragen bleiben ja die Briefwähler außen vor. Erfahrungsgemäß schneiden wir bei den Briefwählern immer sehr gut ab. Am Sonntagnachmittag ging ich also schon davon aus, es wird eng. Aber ich glaubte zu diesem Zeitpunkt immer noch daran, dass wir über die fünf Prozent kommen.

Wie lange hatten Sie noch gehofft? Wann haben Sie aufgegeben?

Innerlich aufgegeben hatte ich gegen 21 Uhr. Anschließend habe ich mich mit meiner Frau und meinen engsten Mitarbeitern zu einem Glas Wein in eine Berliner Weinstube zurückgezogen. Da kam dann so um 23 Uhr die Meldung im Fernsehen: 4,97 Prozent für die FDP. Da keimte plötzlich wieder Hoffnung auf, es könnte klappen. Die noch nicht ausgezählten Stimmzettel kamen aber überwiegend aus den neuen Ländern, wo wir sehr schwach waren. Auch deshalb sah das Endergebnis leider anders aus.

Während des gesamten Wahljahres lag die FDP ja nie stabil und deutlich über 5 Prozent.
Es war mir klar, dass es schwierig würde. Ich hatte gehofft, dass die alles in allem erfolgreiche Bilanz von Schwarz-Gelb sich auch deutlich auf dem Konto der FDP niederschlagen werde. Und dass die Wähler wissen, dass es ohne FDP keine Fortsetzung der bürgerlichen Koalition geben kann. Die Sorge, wir könnten die fünf Prozent nicht schaffen, hatte ich deshalb nicht.

Sie waren der Spitzenkandidat, „Gesicht und Kopf" der Liberalen. Als feststand, dass die Partei gescheitert ist, hatten Sie da das Gefühl: Ich habe versagt, ich bin schuld?
Als Spitzenkandidat trägt man natürlich Verantwortung für das Wahlergebnis. Da rede ich nicht drumherum. Deshalb habe ich noch in der Wahlnacht die Verantwortung für unser schlechtes Abschneiden übernommen. Es gehört sich einfach, dass man sich zu seiner Verantwortung bekennt.

Erwarteten Sie „mildernde Umstände", weil Sie gesundheitlich angeschlagen waren?
Ich habe mich bis an die Grenze dessen, was ich vermochte, im Wahlkampf eingebracht. Aber ich hatte nach meinem Sturz im Juni nicht mehr die gleiche Kraft. Ich war angeschlagen, nicht nur physisch. Es wirkten zudem noch die Angriffe des „Stern" nach. Trotzdem habe ich zu verantworten, dass wir es nicht geschafft haben.

Hätte die FDP mit einem anderen Spitzenkandidaten vielleicht besser abgeschnitten?
Das ist sehr theoretisch. Der Parteivorsitzende wollte die

Spitzenkandidatur nicht übernehmen. Und von den Bundesministern hat niemand „hier" gerufen.

Am Wahlabend saßen Sie im Berliner Congress-Centrum mit anderen Spitzenpolitikern der FDP – Philipp Rösler, Guido Westerwelle, Sabine Leutheusser-Schnarrenberger – zusammen, ehe sie alle auf die Bühne gingen, um bei der Wahlparty die Niederlage einzugestehen. Wie war die Stimmung? Gab es persönliche Vorwürfe, gab es Schuldzuweisungen?

Im Präsidium, das da tagte, war die Stimmung depressiv. Bei Mitarbeitern, die wussten, sie würden ihre Jobs verlieren, flossen auch Tränen. Es ging insgesamt schon sehr emotional zu. Persönliche Vorwürfe oder Schuldzuweisungen gab es nicht, aber auch keine kritische Selbstreflektion. Dafür saß der Schock zu tief. Keiner von uns war auf diese Situation vorbereitet. Deshalb war es nötig und richtig, dass Philipp Rösler und ich schnell vor die Kameras gingen und die Verantwortung für unsere Niederlage übernahmen.

Die Mitglieder des Präsidiums sind an diesem Wahlabend relativ schnell auseinander gegangen. Ist das nicht ein Indiz, dass das Mannschaftsspiel innerhalb der FDP schon seit einiger Zeit nicht mehr so richtig klappte?

Trauerarbeit lässt sich schlecht im Kollektiv bewältigen.

Nun ja, man kann sich auch gemeinsam betrinken.

Das gegenseitige Bestätigen, es sei eine katastrophale Situation, hätte auch nicht weiter geholfen. In dieser Situation musste zunächst einmal jeder mit sich und der Lage klarkommen.

Wo war an diesem Wahlabend eigentlich der FDP-Ehrenvorsitzende Hans-Dietrich Genscher?

Bei uns im Präsidium war er nicht.

Hatte er vielleicht geahnt, dass es so katastrophal endet?
Das ist möglich. Vielleicht hat er sich zu Hause wohler gefühlt als in der hektischen Atmosphäre einer Wahlparty.

Kurz nach 18 Uhr ging der ehemalige Generalsekretär Christian Lindner als Erster vor die Kameras. War das so abgesprochen?
Ja. Es war kurz nach 18 Uhr. Das war bei einem so knappen Ergebnis eine undankbare Rolle. Wir wussten ja noch nicht, wie es wirklich ausgeht. Man kann da viel Falsches sagen.

Christian Lindner wirkte bei seinen ersten Stellungnahmen sehr nüchtern, geradezu unberührt von dem Wahldesaster, das sich da abzeichnete. Er erweckte den Eindruck einer gewissen Distanz zur damaligen FDP-Spitze.
Das mag so sein, ich habe ihn dabei nicht beobachtet. Aber dass das Verhältnis zwischen dem ehemaligen Generalsekretär Lindner und dem Vorsitzenden Rösler nicht das innigste war, ist ja bekannt. Wie es in dieser Lage in Christian Lindner aussah, ließ sich von außen nicht erkennen. Ich glaube, auch er war sehr betroffen, weil die Partei zum ersten Mal nicht mehr in den Bundestag kam.

Lindner sagte noch am Wahlabend, der Liberalismus müsse „neu gedacht" werden. Er meinte auch, die FDP müsse „wieder als seriöse Kraft" wahrgenommen werden, mit „differenzierten" Positionen. Das war doch eine ziemlich deutliche Kritik an der Partei und ihrem Spitzenkandidaten.
Er meinte es wohl anders. Er bezog sich meines Erachtens auf die Zuspitzung des Wahlkampfes 2009 auf die Steuerpolitik, was später zu Enttäuschungen bei den Wählern geführt hat. Schließlich hatte er schon 2009 gemeinsam mit Daniel Bahr und Philipp Rösler ein Buch über den mitfühlenden Liberalismus geschrieben.

Sie spotteten damals über den „Säusel-Liberalismus".

Ich halte die Einstellung, man müsse die Dinge weicher spülen, statt sie pointiert darzustellen, für falsch. Ich glaube nicht, dass man so zustimmungsfähiger wird. Eine Partei sollte auf den verschiedenen Politikfeldern schon klare Kante zeigen. Es gibt unterschiedliche Arten, Politik zu formulieren. Ich bin für klare Positionen und für eine konsequente Umsetzung.

Ist es nicht so, dass die auf Harmonie bedachten, geradezu konsenssüchtigen Deutschen es lieber gern weichgespült haben? Angela Merkel hat 2013 auch eine Art Säusel-Wahlkampf geführt.

Es ist wohl ein Stück Zeitgeist. Der großen Mehrheit der Deutschen geht es gut, verglichen mit anderen Völkern. Wenn da jemand kommt und sagt, es sei nicht für alle Ewigkeit garantiert, dass alles gut läuft, dann fühlen sie sich gestört. Politik muss aber auch störend sein, darf nicht nur die Befindlichkeit einer Nation und ihrer Stammtische zusammenfassen. Politik muss sich im Gegenteil auf längere Sicht ausrichten, damit das Land erfolgreich bleibt. Es hat mich immer beschäftigt und beschäftigt mich unverändert, dass wir uns zu viel Zeit lassen mit Veränderungsprozessen und wir auf Schwachstellen nicht ehrlich genug hinweisen.

Man lernt ja bei Niederlagen die Menschen kennen – die wahren Freunde und diejenigen, die man fälschlich für Freunde hielt. Gab es für Sie nach dem 22. September auf diesem Gebiet Enttäuschungen oder auch positive Überraschungen?

Beides, auch aufmunternde Worte von manchem, bei dem man es gar nicht erwartet hätte. In der Partei waren wir zunächst alle wie gelähmt vom Schock des Wahlabends. Die Enttäuschung kam erst im Laufe des Abends. Bei der Analyse der Ursachen ging es in der FDP relativ fair zu. Ein nachträgliches

16

innerparteiliches Gemetzel gab es nicht. Auch der Sonderparteitag im Dezember 2013 lief sehr fair ab.

Am Wahlabend und unmittelbar danach: Wer meldete sich da aus anderen Parteien bei Ihnen, wer „kondolierte" oder tröstete?

Kondoliert zu bekommen tut manchmal mehr weh, als wenn einer gar nichts sagt. Mein Freund Volker Kauder meldete sich in der Wahlnacht per SMS, ebenso Gregor Gysi. In den Tagen danach rief mich auch Frank-Walter Steinmeier an, später auch die Kanzlerin. Sie lud mich etwa zweieinhalb Wochen später zu einem Essen ins Kanzleramt ein.

Hätte man nicht erwarten müssen, dass Angela Merkel sich beim ehemaligen „Wunschpartner" früher meldet?

Sie ging möglicherweise davon aus, dass zunächst Volker Kauder mit mir spricht – von Fraktionsvorsitzendem zu Fraktionsvorsitzendem.

Das ist jetzt eine sehr formale Antwort.

(Lacht.) Ich habe das Verhalten der Kanzlerin auch als formal empfunden.

Bestätigt dieses Verhalten Angela Merkels nicht, was vielfach schon vor der Wahl vermutet worden ist: Dass sie im Grunde eine Fortsetzung der Koalition von Union und FDP gar nicht wollte, sondern konsequent auf eine Große Koalition zusteuerte?

Politik ist von Interessen geleitet, weniger von Gefühlen, von vermeintlichen oder echten Freundschaften, wobei es in der Politik echte Freundschaften so gut wie nicht gibt. Die Situation im Bundesrat mit seiner rot-rot-grünen Mehrheit sprach gegen eine Fortsetzung der Regierung von Union und FDP. Das war 2009 anders, da hatte Schwarz-Gelb auch im Bundesrat die Mehrheit.

17

Beim Sozialflügel der Union war die FDP nie besonders gelitten – wegen unserer als neoliberal beschimpften Ordnungspolitik. Dabei waren die geistigen Väter der Sozialen Marktwirtschaft – Walter Eucken, Alfred Müller-Armack und wie sie alle hießen – Neoliberale. Sie wollten mit staatlicher Ordnungspolitik – im Gegensatz zum zügellosen Manchester-Liberalismus – einen Rahmen setzen, innerhalb dessen man sich frei entfalten kann. Wer aber fast ausschließlich in der Kategorie von „Verteilung" denkt, der will keine Ordnungspolitik. Für diesen Teil der Union waren wir als Vertreter der Sozialen Marktwirtschaft oft der falsche Partner. Umso mehr hat mich gefreut, dass Bundespräsident Joachim Gauck im Januar 2013 in seiner Freiburger Rede die Philosophie des Neoliberalismus positiv herausgestellt hat.

Sie sprechen vom Sozialflügel der Union. Ist die CDU/CSU nicht insgesamt nach links gerückt?

Die Sozialausschüsse haben innerhalb der CDU letztlich ebenso wenig Bedeutung wie die Mittelstandsvereinigung oder der Wirtschaftsrat. Die Union ist von einer klassisch-konservativen Partei eher zu einer christlich eingefärbten sozialdemokratischen geworden …

… eine Art katholische SPD.

Das hat es schwer gemacht, innerhalb der Koalition zu einem Konsens zu kommen. Es gab relativ viele Reibungsflächen.

Wenn die beiden Volksparteien sich so ähnlich sind, müsste das einer kleinen Partei mit klaren Positionen nicht zu Gute kommen?

Wenn Menschen sich im Großen und Ganzen wohl fühlen, neigen sie nicht zu Grundsatzdebatten. Auch manche Darbietungen unseres Personals haben die Wähler sicher nicht fasziniert. Zudem haben wir zwischen 2009 und 2013 nur teilweise geliefert, was unsere Wähler erwartet hatten.

Zurück zum Wahlabend. Sie wurden schon vor 17 Uhr, als die Wahllokale noch offen waren, von ARD und ZDF aus der für 20:15 Uhr angesetzten „Elefantenrunde" der Parteivorsitzenden ausgeladen. Peter Frey, der ZDF-Chefredakteur, begründete das mit dem Hinweis auf Ergebnisse der Wahlnachfrage, die die FDP unter 5 Prozent sahen. Waren Sie da wütend? Oder waren sie gar verletzt?

Ich war perplex, weil ich mit solcher Argumentation nicht gerechnet hatte. Gegen 19 Uhr habe ich meinen Pressesprecher gebeten, beim ZDF anzurufen, ob es dabei bleibe. Ihm wurde die Ausladung bestätigt, und der für den FDP-Vertreter vorgesehene Stuhl im Fernsehstudio abmontiert.

Im Nachhinein kann man sagen: Es blieb Ihnen erspart, als der große Verlierer in der Runde zu sitzen und dort „verprügelt" zu werden.

Das mag so sein. Aber darum ging es mir nicht. Ich empfand es als ungerecht, ausgeladen zu werden, ehe das Wahlergebnis feststand. Obwohl mir klar war, dass ich in der Runde keine sehr schöne Rolle gehabt hätte.

Sie wurden von der TV-Runde ausgeladen. Dass ihr Stuhl im Studio abmontiert wurde, konnte der Fernsehzuschauer sehen. Die Botschaft dieser Bilder war klar: Die FDP wird abgewickelt.

Es wurde erzählt, in dem einen oder anderen Fernsehstudio sei bei den FDP-Zahlen laut gejubelt worden. Oder nehmen Sie die Publizistin Bascha Mika, die neue Chefredakteurin der „Frankfurter Rundschau". Die saß im Dezember in einer Talkshow und erzählte, wie sehr sie sich am Wahlabend gefreut habe, dass die FDP endlich aus dem Parlament geflogen sei. Von solchen Journalisten kann man keine faire Berichterstattung erwarten.

Nun hat sich die Arbeitsmarktsituation für Journalisten dramatisch verschlechtert. Bei den betroffenen Kolleginnen und Kollegen sind Parteien mit einem Vollkasko-Programm natürlich beliebter als Marktwirtschaftler.

Es ist völlig legitim, dass jeder aus seiner Sicht Bewertungen vornimmt. Aber das erklärt allein nicht die tiefe Abneigung gegenüber der FDP.

Am Wahlabend und an den Tagen danach wurde die FDP im Internet und in den „sozialen Netzwerken" mit Häme und Hass geradezu überschüttet.

Das Ausmaß dieser Schmähungen war sogar für mich nach über 40 Jahren politischer Tätigkeit überraschend. Es war schon in der Schule so: Wenn du hinfällst, gibt es immer noch ein paar Klassenkameraden, die auch dann noch hetzen und lachen. Die Wucht dessen, was sich da entladen hat, kann ich mir bis heute nicht erklären. Vielleicht wurde am Wahlabend und danach bei Teilen der Bevölkerung ein aus der Tierwelt bekanntes Phänomen offenkundig: Die Meute gibt erst Ruhe, wenn das Opfer total erledigt ist.

Das spricht nicht gerade für das Niveau der bei uns so oft beschworenen politischen Kultur.

Man kann eine andere politische Auffassung haben als wir. Aber dass Andersdenkende in einer Demokratie so mit Abscheu bedacht werden, spricht nicht für Toleranz oder Offenheit. Da muss sich eine Einstellung entwickelt haben, die sich diesmal so und vielleicht beim nächsten Mal anders entlädt. Das bereitet mir Gänsehaut.

Das Internet bietet jedem die Möglichkeit, sich im Schutz der Anonymität auszutoben, nach Kräften zu beleidigen und zu verleumden. Da fühlen sich Feiglinge ganz stark.

Man weiß ja auch nie, wie viele Menschen hinter solchen

Internet-Kampagnen stehen. Es kann ein Einzelner unter zwanzig oder hundert verschiedenen Namen eine „Massenbewegung" organisieren und so die Öffentlichkeit manipulieren.

Das öffentlich-rechtliche Fernsehen leistete nach Ihrer Wahlniederlage auch seinen Beitrag zum „FDP-Bashing". In der ZDF-Satire-Sendung „heute show" irrte in der ersten Ausgabe nach der Wahl als „running gag" ein an einer Champagner-Flasche nuckelnder abgewählter FDP-MdB hilflos durch die Gegend. Im „Satiregipfel" der ARD kurz nach der Wahl meinte der Kabarettist Nuhr, ein Schimpanse hätte das Wirtschaftsministerium genauso gut leiten können wie Philipp Rösler. Macht Sie so etwas wütend?

Bei Satire ist die Grenze immer fließend. Satire darf vieles, was sonst nicht zulässig ist. Diese Art von Humor ist manchmal doch recht verletzend, damit muss man als Politiker leben. Häme und Schadenfreude sind nun mal urmenschliche Neigungen. Dass diese Sendungen so viel Resonanz finden, deutet auf eine – vielleicht unterschwellige – Verachtung von Politik und Politikern hin. Das trifft nicht nur die FDP, sondern andere auch. Wenn es zum Dauerphänomen wird, Politik und Politiker grundsätzlich lächerlich zu machen, geht das an die Wurzeln unserer demokratischen Strukturen.

Sie gehören selber zur Minderheit unter den Politikern, die in die „heute show" gehen oder zu Stefan Raab. Werten Sie damit nicht solche Formate auf und schaufeln sich damit das eigene Grab?

Es stimmt: Ich war jeweils ein Mal bei Raab und in der „heute show". Es fällt manchmal nicht so leicht, an solchen Runden teilzunehmen. Aber man macht es dann doch wegen der hohen Einschaltquote. Wenn Millionen Menschen zuschauen, ist das auch eine Chance, den eigenen Standpunkt zu präsentieren. Man kann das Klügste sagen: Wenn keiner zuhört, hat man keine Wirkung.

So ähnlich hat Guido Westerwelle auch argumentiert, als er einst bei „Big Brother" im Container auftrat.

Da war meiner Meinung nach eine Grenze überschritten. Denn „Big Brother" war eine Veranstaltung, in der Menschen bewusst bloß gestellt wurden. Generell dürfen und sollen Politiker auch populäre Fernsehsendungen nutzen. Denn ich hielte es für falsch, in solchen Sendungen, die keine Polit-Talkshows im engeren Sinn sind, das Feld allein anderen zu überlassen.

Sie selbst neigen ja auch in seriösen Talkshows zu lockeren Sprüchen.

Das mache ich bewusst, weil man viele Menschen sonst nicht erreicht. Menschen, die tagsüber hart arbeiten, betrachten Fernsehen nicht als Weiterbildungsveranstaltung, sondern wollen auch auf unterhaltsame Weise angesprochen werden. Es ist eine Illusion vieler Politiker, man müsse die Menschen nur 24 Stunden ununterbrochen informieren, dann werde alles gut. Nein, man muss Politik vermitteln können. Das ist eine Gratwanderung, es darf nicht zum Klamauk ausarten. Bei diesem „Ritt auf der Rasierklinge" kann man sich auch verletzen.

Zurück zum 22. September: Einen Absturz von 14,6 auf 4,8 Prozent – das hat es noch nie gegeben. Das bedeutet, die FDP hat zwei Drittel ihrer Wähler von 2009 verloren. Was waren die wichtigsten Ursachen dieser Katastrophe?

Zunächst muss man sehen, dass die FDP im Verhältnis zu anderen Parteien viel weniger Stammwähler hat, so um die drei Prozent herum. Das gilt schon seit den siebziger Jahren: Wir haben wenige „feste" Wähler die für uns stimmen, egal, was passiert. Ein weiterer Nachteil der FDP ist, dass die Medien zunehmend den Eindruck vermitteln, wir hätten ein Präsidialsystem. Deshalb stand auch in den vergangenen vier Jahren die Bundeskanzlerin im Vordergrund der Politik. Alle Erfolge von Schwarz-Gelb wurden ihr zugerechnet. Die Medien vermittelten auch in diesem Wahlkampf den Eindruck, es gehe in erster Linie darum, wer Kanzler wird. Wir hatten ein „Kanzlerduell" im Fernsehen – Steinbrück gegen Merkel. Dabei wählen die Bürger nicht einen Kanzler oder eine Kanzlerin, sondern ein Parlament. Und das wählt einen Kanzler oder eine Kanzlerin. Dies ist der Unterschied zum amerikanischen Präsidialsystem. Deshalb kann man nicht die Wahlberichterstattung des amerikanischen Fernsehens einfach imitieren.

Helmut Kohl hat als Kanzler solche Duelle mit seinen sozialdemokratischen Herausforderern stets mit dieser Begründung abgelehnt.

Ja, und das war auch richtig. In der Duell-Situation fällt der kleinere Koalitionspartner immer hinten runter. Am Tag der Bundestagswahl haben ja auch die Hessen gewählt. Auch dort ist die FDP als die kleinere Regierungspartei sozusagen unter die Räder gekommen, ist von 16,2 auf 5,0 Prozent abgestürzt. Dieses Phänomen gilt sogar für eine Große Koalition. Von 2005 bis 2009 stellte die SPD – wenn man die Kanzlerin außen vor lässt – genauso viele Minister wie die CDU/CSU. Das drang aber nie ins Bewusstsein der Öffentlichkeit vor. Die SPD erzielte dann 2009 auch eines der schlechtesten Ergebnisse ihrer Geschichte, obwohl sie viel mehr Stammwähler hat als wir.

Halten wir fest: Der kleinere Koalitionspartner hat es schwerer als der große. Aber das allein erklärt den Absturz der FDP ja nicht.

Nein, sicher nicht. Da kam noch etwas anderes hinzu. In der langen Zeit in der Opposition – von 1998 bis 2009 – hatten wir die politische Auseinandersetzung fast ganz auf das Steuerthema zugespitzt ...

... und dann in der Regierung nicht geliefert.

Ja, wir konnten uns damit gegenüber der CDU/CSU nicht

durchsetzen. Im Koalitionsvertrag waren zwar Steuersenkungen vereinbart, aber nicht im Detail. Da haben wir uns auf zu viele vage Formulierungen eingelassen. Mir hatte ja in der Steuerpolitik eine Art bürgerliche Revolution vorgeschwebt. Wir wollten mehr als nur die Steuern senken, wir wollten eine radikale Vereinfachung. Ich persönlich war und bin sogar ein Anhänger der „flat tax", wie sie Professor Kirchhof vertritt.

Die FDP stand damals aber für einen Stufentarif.

Ja, das war die Linie der Partei. Aber vorher hatte es auch harte Auseinandersetzungen zwischen Hermann Otto Solms und mir gegeben. Er hat sich insofern durchgesetzt, als die FDP sich 2009 dafür aussprach, zunächst den Stufentarif einzuführen, um später in Richtung „flat tax" zu gehen.

Hätte die FDP als Steuerreform-Partei bei der Regierungsbildung nicht mit aller Macht das Finanzressort anstreben müssen?

Wir haben das Außenressort angestrebt, weil Außenminister wie Walter Scheel, Hans-Dietrich Genscher und Klaus Kinkel immer eine herausgehobene Rolle spielten. Wir hatten die Möglichkeiten des Außenministers stärker eingeschätzt, als sie dann tatsächlich waren, auch weil die Kanzlerin die Europapolitik zu ihrer eigenen Sache gemacht hat. Das Finanzministerium wäre mit Blick auf die angestrebte grundlegende Steuerreform möglicherweise wichtiger gewesen. So aber blockierte die Union bei den Steuerreformen, und wir standen als Störenfriede und Stänkerer da. Das hat uns viel Glaubwürdigkeit gekostet.

Wenn Hermann Otto Solms Finanzminister geworden wäre, hätten Sie nicht Wirtschaftsminister werden können. Diese beiden Ressorts werden nach den ungeschriebenen Gesetzen einer Koalition nämlich nie von derselben Partei besetzt.

Noch ehe die Koalitionsverhandlungen in das entscheidende Stadium gingen, hatte ich Guido Westerwelle ausdrücklich gesagt, er solle sich bei den Ressorts und ihrer Besetzung völlig frei fühlen. Er war der Parteivorsitzende und hatte da das entscheidende Wort. Das habe ich als Vorsitzender in Rheinland-Pfalz genauso gehalten. Er wusste, dass ich Interesse am Wirtschaftsressort hatte – sofern wir es bekämen. Falls nicht, wollte ich mich um den Fraktionsvorsitz bewerben. Das wussten Westerwelle und viele andere.

Anders gefragt: Kam Westerwelles Wunsch, unbedingt Außenminister werden zu wollen, nicht Ihren Ambitionen auf das Wirtschaftsressort entgegen?

Ich wollte gerne Wirtschaftsminister werden, keine Frage. Bundeswirtschaftsminister war immer mein Traumjob. Aber das Leben ist kein Wunschkonzert. Mit Hermann Otto Solms hatte ich Folgendes verabredet: Falls wir das Finanzministerium bekommen, werde ich ihn unterstützen. Umgekehrt wollte er mich unterstützen, falls wir den Wirtschaftsminister stellen. Wir sind seit Jahren befreundet, da gab es keine Konkurrenz.

Von der Steuerreformpartei FDP bleibt, dass der Mehrwertsteuersatz für Übernachtungen auf 7 Prozent gesenkt wurde, die so genannte Hoteliersssteuer.

Es war eine durchaus begründbare Steuerermäßigung. In den Wahlprogrammen fast aller anderen Parteien stand das auch, selbst bei der Linken. Auch die bayerischen Sozialdemokraten und die bayerischen Grünen haben sich vor der Wahl dafür stark gemacht. Der verringerte Mehrwertsteuersatz für Übernachtungen ist ja auch berechtigt, wenn man die Konkurrenzsituation im Süden Deutschlands gegenüber Österreich oder der Schweiz sieht. 19 Prozent oder 10 Prozent Mehrwertsteuer – das macht beim Hotelpreis aus der Sicht von Gästen schon einen Unterschied. Da fährt man halt ein paar Kilometer weiter über die Grenze und spart viel Geld. Bei der FDP wurde es aber als Klientelpolitik diskreditiert, diese Wettbewerbsverzerrung zu beseitigen. Später überlegten wir, es zu revidieren. Da haben sich Horst Seehofer und die CSU vehement quergelegt, mit Rücksicht auf die bayerischen Fremdenverkehrsgebiete in der Nähe zur Schweiz und zu Österreich.

Es kam aber noch die so genannte Mövenpick-Spende dazu.
Es gab nie die Mövenpick-Spende. Es gab eine Spende aus dem Unternehmensbereich des Barons von Fink. Er wollte die FDP unterstützen, damit es zu einer bürgerlichen Regierung kommt. Dass er als Minderheitsgesellschafter an dem Schweizer Unternehmen Mövenpick beteiligt ist, das in Deutschland einige Hotels betreibt, hat bei seiner Unterstützung sicher keine Rolle gespielt.

Keine echte Steuerreform plus das Gezerre um die sogenannte Hoteliersteuer – das erklärt den Niedergang der FDP aber noch nicht umfassend.
Wir haben einen Fehlstart hingelegt, von dem wir uns einfach nicht mehr erholt haben. Dazu kam eine gegenüber der FDP besondere negative Berichterstattung. Denken Sie nur, wie die erste Auslandsreise von Guido Westerwelle als Außenminister von den Medien begleitet wurde. Das hat uns sehr geschadet.

Da waren wohl zu viele FDP-Gönner dabei und außerdem sein Lebenspartner Michael Mronz.
Es ist legitim, dass ein Minister Vertreter der Wirtschaft zur Mitreise einlädt. Und es war bei allen Regierungen so. Die Wirtschaftsvertreter zahlen übrigens ihre Reisekosten selbst, nicht etwa der Steuerzahler. Dasselbe gilt auch für Ehe- und Lebenspartnerinnen oder -partner.

Und die parteipolitische Nähe mancher Mitreisenden?
Bei den Reisen sozialdemokratischer oder christdemokrati-

scher Kabinettsmitglieder ist das nicht anders. Gerhard Schröder hatte auf vielen Reisen Unternehmer dabei, die sich selber „FROGS" nannten – „Friends of Gerd Schröder". Solche Praktiken werden bei anderen nie mit solcher Wucht diskutiert und verurteilt wie bei uns.

Ganz unabhängig von Fehlern, die die FDP gemacht hat: Ist es nicht so, dass die FDP seit 2010 oder 2011 als völlig aus der Zeit gefallen gilt? Als altmodisch und überholt wie ein alter VW-Käfer, der zwischen S-Klasse und 7er-BMW herumfährt? Ist die FDP einfach nicht mehr „in"?

Um bei Wahlen eine Chance zu haben, muss man schon ein wenig populär sein. Aber ich war auch immer der Meinung, das liberale Angebot darf nicht nur tagespolitisch angelegt, muss grundsätzlicher sein. Ordnungspolitik zum Beispiel ist keine Sache für zwei Jahre. Eine Entscheidung für den Markt ist eine Grundsatzentscheidung für die Gesellschaft. Die ändert man nicht wegen einer Währungskrise in Europa. Die Erklärung, warum Freiheit unverzichtbar ist, ist und bleibt die Bringschuld einer liberalen Partei. Liberale denken Politik konsequent vom Individuum her. Wenn diese Einstellung als „out" bezeichnet wird, ist das erschreckend. Gerade deshalb müssen wir immer wieder die konkreten Auswirkungen von Politik auf das Leben des Einzelnen deutlich machen.

Sie waren Spitzenkandidat, und am Abend des 22. September 2013 war diese Aufgabe beendet. Dem Bundestag gehören Sie nicht mehr an. War dies das Ende der zweiunddreißigjährigen Karriere des Berufspolitikers Rainer Brüderle?

Ich strebe keine politischen Mandate oder Ämter mehr an. Insofern war der 22. September auch für mich ganz persönlich eine Zäsur. Aber ich bleibe natürlich als politischer Mensch weiterhin aktiv und werde mich auch in Zukunft in der Partei zu Wort melden. Vor allem will ich mithelfen, dass die FDP wieder auf die Beine kommt. Den engagierten FDP-Politiker Rainer Brüderle wird es weiterhin geben. Der Abgeordnete, der hauptamtliche Politiker Brüderle, ist dagegen Vergangenheit.

Gilt das auch für den Fall, dass die Große Koalition vor 2017 platzt und es zu Neuwahlen kommt?
Das wäre eine neue Lage. Aber ich glaube nicht, dass es dazu kommt. Schwarze und Rote werden sich durchwursteln. Jetzt gilt mein Ehrgeiz, der FDP wieder zu Erfolgen zu verhelfen.

Sie wollen weiterhin in der Partei aktiv bleiben: Heißt das mit Parteiamt oder ohne?
Es heißt: Als Delegierter für Landes- und Bundesparteitage. Darüber hinausgehende Pläne habe ich nicht.

2. Fehlstart ins Wahljahr:
Spitzenkandidat wider Willen

„So wie jetzt kann es mit der FDP nicht weitergehen, so wie jetzt bleibt die FDP weit hinter ihren Möglichkeiten."

„Es zerreißt mich innerlich, wenn ich den Zustand meiner, unserer FDP sehe."

„Ich finde, wir können nicht noch länger mit eigenen Entscheidungen warten. (...) Der Bundesparteitag im Mai ist viel zu spät, um uns bestmöglich für den Wahlkampf aufzustellen."

„Wir müssen schnell unsere eigenen Entscheidungen treffen und wir dürfen sie nicht vom Ausgang von Landtagswahlen abhängig machen."

„Wir sind als Team, und ich schließe mich da ausdrücklich mit ein, noch nicht gut genug aufgestellt. Wir können gemeinsam deutlich besser sein."

„Wir spielen als Team für die Bundestagswahl noch nicht in der besten Aufstellung".

„Ich weiß natürlich, dass ich all das mit hohem persönlichem Risiko sage."

„Die FDP kann es sich nicht leisten, dass wir die Klärung wichtiger Entscheidungen weiter vor uns herschieben. Und Deutschland kann es sich nicht länger leisten, dass sich die

FDP-Führung misstrauisch beäugt, statt endlich gemeinsam auf Angriff zu spielen."

(Bundesminister Dirk Niebel beim Dreikönigstreffen am 6. Januar 2013 in Stuttgart)

Die Ausgangslage zu Beginn des Wahljahrs 2013 war für die FDP alles andere als rosig. Der Wiedereinzug in den niedersächsischen Landtag, dem Heimatland des Vorsitzenden Philipp Rösler, erschien mehr als unsicher. War die Ablösung Röslers nach der Landtagswahl am 20. Januar nicht mehr oder weniger beschlossene Sache?

Die Stimmung in den Medien wie in der Partei war so, dass er bei einem schlechten Wahlergebnis die Konsequenzen ziehen würde. Einen Beschluss der Parteigremien gab es nicht.

Es war also allgemeiner Konsens, nach Niedersachsen überlegen wir, wie wir uns für die Bundestagswahl aufstellen.

Es wäre auf jeden Fall falsch gewesen, vor der Wahl über die Position von Philipp Rösler Entscheidungen herbeizuführen. Schließlich wurde in Niedersachsen gewählt, wo er herkommt und wo er Landesvorsitzender, Fraktionsvorsitzender und Wirtschaftsminister gewesen war.

Welche Rolle spielte der berühmt-berüchtigte „Schaumburger Kreis" in der Frage der personellen Aufstellung?

Eigentlich keine tragende. In dem Kreis sind auch Niedersachsen vertreten, wie der damalige Generalsekretär Patrick Döring oder der frühere Minister Walter Hirche. Sie alle waren der Auffassung, alles daran zu setzen, um die FDP im Parlament zu halten und wenn möglich die Regierung mit der CDU und David McAllister fortzusetzen. Konkrete Aktivitäten für den Fall eines Scheiterns in Hannover wurden da nicht besprochen.

Erklären Sie doch bitte mal, wer oder was dieser „Schaumburger Kreis" eigentlich ist?
Es war und ist ein formloser Kreis, in dem sich Mitglieder der Bundestagsfraktion in Sitzungswochen trafen. Der Kreis war und ist offen für ausgeschiedene Abgeordnete und er stand für den konservativ-liberalen Teil der FDP, für die Mitte. Es gab und gibt auch andere, ähnliche Kreise. Zum Beispiel einen Kreis junger Abgeordneter. Der sogenannte Sylter Kreis der Partei deckte früher das sozial-liberale Spektrum ab. Der „Schaumburger Kreis" wirkte in die Fraktion hinein, weniger in die Partei.

Im „Schaumburger Kreis" soll die Ablösung des Vorsitzenden Röslers betrieben worden sein.
Es gab dort eine gewisse Unruhe über die Situation der Partei. Nach der Wahl 2009 hatten wir uns im siebten Himmel gefühlt – 14,6 Prozent! Aber seit der Nordrhein-Westfalen-Wahl im Mai 2010 waren die Umfragen in der ganzen Legislaturperiode mehr oder weniger bescheiden, und die Wahlergebnisse in den Ländern auch.

Das war am 20. Januar in Niedersachsen anders: Die FDP erreichte völlig überraschend 9,9 Prozent, ein Zuwachs von 1,7 Prozentpunkten. Am Wahlabend sah man im Thomas-Dehler-Haus aber nicht allzu viele frohe Gesichter. Man musste eher den Eindruck haben, außer Rösler konnte sich niemand so richtig freuen.
Natürlich haben wir uns alle über die knapp zehn Prozent gefreut. Damit hatte keiner gerechnet. Unser Wahlkampf war anfangs etwas schleppend verlaufen, dann aber in Gang gekommen. Die Veranstaltungen, soweit ich sie erlebte, waren

gut besucht, auch von vielen Anhängern der CDU, bis hin zu aktiven Mitgliedern. Es war ja bekannt, dass David McAllister weiter mit der FDP regieren wollte. Also waren wir angenehm überrascht von den 9,9 Prozent. Das sollte ein Schub für das Wahljahr 2013 sein.

Aber angesichts dieses Ergebnisses wurde doch die Position Rösler gestärkt. Das hat doch die angestrebte personelle Neuaufstellung schwieriger gemacht, oder nicht?

Das Niedersachsen-Ergebnis war eines unserer besten. Das hat ganz offensichtlich den Parteivorsitzenden Rösler und seinen Generalsekretär Patrick Döring gestärkt, zumal beide aus Niedersachsen kommen.

Sie hatten zwei Tage vor der Wahl einen vorgezogenen Parteitag gefordert, um die Führungsfrage zu klären. Das war ja eine Kampfansage an Rösler.

Mir ging es um eine Klärung der personellen Konstellation. Es galt eine Hängepartie zu vermeiden.

Es kam ja am Abend der Niedersachsenwahl zu einem Gespräch zwischen Ihnen und Rösler. Was sollte da geklärt werden, was wurde geklärt?

Wir haben zusammen gegessen und haben intensiv die Lage der FDP diskutiert. Meine Auffassung war, die Führungsfrage dürfe nicht so lange offen bleiben. Mir ging es auch nicht in erster Linie um die Position des Parteivorsitzenden. Ich war dafür, mit einer neuen Mannschaft in die Wahl zu gehen. An diesem Abend war Philipp Rösler meiner Meinung, wir sollten den für den Sommer 2013 geplanten Parteitag vorziehen und dort mit einer erweiterten, neuen Mannschaft auftreten.

Wer eine Führungsfrage klären will, ist offenkundig mit der aktuellen Führung nicht zufrieden.

Das muss es nicht heißen. Klären kann auch heißen, eine Führung zu bestätigen und zu stärken. Es gab ja in der Partei eine heftige Diskussion darüber, mit welcher Aufstellung wir in den Wahlkampf gehen sollen. Das war ja nicht zuletzt beim Dreikönigstreffen Anfang Januar 2013 deutlich geworden. Ich erinnere zum Beispiel an die Rede von Dirk Niebel. Diese Auseinandersetzung konnte man so nicht weiter laufen lassen. Als Rösler und ich an diesem Abend auseinander gingen, waren wir uns einig darüber, mit einer neuen Mannschaft die Erfolgsaussichten der FDP zu verbessern.

Aber Sie haben an diesem Abend nicht geklärt, wie die Mannschaftsaufstellung aussehen sollte?
Nein, das wollten wir in Ruhe vorbereiten und abklären.

Am nächsten Morgen kam das FDP-Präsidium zusammen. Noch vor Sitzungsbeginn kamen die ersten Meldungen, Rösler habe seinen Rücktritt vom Parteivorsitz angeboten.
Das hat Philipp Rösler dann zu Beginn der Sitzung offiziell gemacht.

Wie haben Sie da reagiert?
Ich war völlig perplex und habe in der Sitzung gesagt, so sei das am Abend nicht besprochen worden. Die Sitzung wurde dann unterbrochen und Rösler und ich hatten ein Vier-Augen-Gespräch.

Was hat er Ihnen da gesagt?
Er hat gesagt, er sei bereit, zur Seite zu treten, wenn ich Bundesvorsitzender werden wollte. Ich habe ihn daran erinnert, dass wir das am Abend so nicht abgesprochen hatten. Und dass ich es besser gefunden hätte, wenn er mich vor Beginn der Sitzung über seinen Vorschlag informiert hätte.

Wie war seine Reaktion?

Er räumte unter vier Augen ein, dass es ein Fehler war, mir seine geänderte Haltung nicht vor der Sitzung mitgeteilt zu haben. Ich habe das zur Kenntnis genommen. Wir haben dann das Pro und Contra seines Vorschlags erörtert. Ich sagte ihm, dass ich nicht das Ziel hätte, Parteivorsitzender zu werden.

Herr Rösler hat Ihnen also den Vorsitz quasi angeboten. Warum haben Sie nicht zugegriffen?

Weil ich nicht das Ziel hatte, den Parteivorsitz zu übernehmen. Sonst wäre ich in den Wochen und Tagen vorher entsprechend vorgegangen. Das Ergebnis unseres halbstündigen Vier-Augen-Gesprächs war, dass er Parteivorsitzender bleibt und ich die Spitzenkandidatur übernehme.

War der Spitzenkandidat Brüderle die Idee Röslers?

Es hat sich im Gespräch ergeben.

Aber das muss doch einer von ihnen beiden zuerst laut ausgesprochen haben.

Völlig neu war die Idee nicht. In den Tagen vor der Niedersachsenwahl war der Vorschlag einer Arbeitsteilung zwischen Parteivorsitzendem und Spitzenkandidat im inneren Zirkel schon in der Diskussion. Bei dem Gespräch am Sonntagabend hatten wir nur beschlossen, den Parteitag vorzuziehen, die Mannschaftsaufstellung aber bewusst offen gelassen.

Die Situation im Januar 2013 erinnerte sehr an die zur Jahreswende 2010/2011. Sie waren auch damals höchst unzufrieden mit dem Zustand der Partei und dem Vorsitzenden Westerwelle, hatten aber keinen anderen Kandidaten und wollten auch selbst nicht „springen".

Ich habe damals die Ablösung von Guido Westerwelle als Vorsitzenden nicht betrieben. Wenn der Parteivorsitz mein Ziel gewesen wäre, hätte ich schon früher danach greifen können. Ich hätte zum Beispiel schon 2001 gegen Westerwelle antreten können, als Wolfgang Gerhardt resigniert hatte.

Sie waren fast vier Jahrzehnte aktiv in der Partei, sie „leben" Politik mit jeder Faser, sind ein Vollblutpolitiker. Warum sagten Sie dann niemals: Leute, ich mache es ganz, übernehme die volle Verantwortung und führe die Partei zu neuen Ufern?

Ich kenne die FDP. Sie ist eine schwierige Partei mit sehr individuellen Charakteren, die man immer wieder neu zusammenführen muss. Da muss an der Spitze eine kleine harmonierende Truppe stehen.

Ein Vorsitzender Brüderle hätte sich selbst eine solche harmonierende Truppe zusammenstellen können.

2001 hatte ich keine Chance so vorzugehen, weil Westerwelle und Gerhardt sich schon geeinigt hatten, als meine Frau und ich in Amerika waren und wegen eines Schneesturms später als geplant zurückkamen. Und 2011 gab es einen Aufstand der noch Jüngeren gegen den jungen Westerwelle.

Also Lindner, Rösler, Bahr und Döring ...

Ja. Da hätte man einen Parteikrieg entfachen müssen, um einen Älteren an deren Stelle zu setzen, älter noch als Westerwelle. Wenn man den Parteivorsitz anstrebt, muss man sich ihn erkämpfen. Dass ich 2011 darum nicht gekämpft habe, belegt einmal mehr, dass der Vorsitz nicht mein Ziel war.

Nochmals: Am 21. Januar 2013 hat Philipp Rösler Ihnen den Vorsitz angeboten.

Wir hatten am Vorabend etwas anderes vereinbart. Deshalb habe ich es eigentlich nicht als richtiges Angebot empfunden.

Wenn der Spitzenkandidat nicht zugleich Parteivorsitzender ist, ist er wie ein Feldherr ohne volle Befehlsgewalt. Das hat man ja auch bei der Kampagne von Peer Steinbrück gesehen. Wir hatten ja bis zur Bundestagswahl nicht mehr viel Zeit; der Parteitag war im März 2013. Der Parteiapparat war personell ganz auf Rösler zugeschnitten. Das hätte ich mitten im Wahljahr gar nicht mehr ändern können. Es war also schon sinnvoll: Einer stellt sich vorne hin, und der andere sorgt für die Organisation der Kampagne.

Es war im Rückblick aus Ihrer Sicht demnach kein Fehler, nicht den Parteivorsitz übernommen zu haben?

Nein. Bedenken Sie: Ich war bereits Vorsitzender der Bundestagsfraktion und die FDP hatte in Regierungszeiten die beiden Spitzenämter – Partei und Fraktion – stets getrennt. Dafür gab und gibt es gute Gründe.

Als Rösler Ihnen dann am nächsten Morgen quasi öffentlich den Vorsitz anbot, hat er Sie da auf gut Deutsch hereingelegt?

Mein Eindruck war, dass Philipp Rösler das am Abend ehrlich meinte. Alle meine Instinkte bestätigten das. Allerdings glaube ich, er führte in der Nacht noch Gespräche mit anderen, die ihn wohl bewogen haben, anders vorzugehen.

Die Situation war ja schon verrückt. Die FDP erringt am 20. Januar in Niedersachsen wider Erwarten ein ausgezeichnetes Ergebnis. Und nicht einmal 24 Stunden später will der Vorsitzende gehen und bleibt dann doch. Und der, der Vorsitzender werden könnte, will nicht Vorsitzender werden, sondern wird „nur" Spitzenkandidat. Sich selber so zu beschädigen, das muss man schon können.

Ich weiß bis heute nicht, was Philipp Rösler wirklich wollte. Wenn er als Vorsitzender wirklich hätte gehen wollen, hätte er das wohl kaum ohne jedes Vorgespräch mit dem potentiellen

Nachfolger durchsickern lassen. Es hätte sich ja auch die Frage gestellt, ob er nach einem Rücktritt vom Parteivorsitz noch Wirtschaftsminister bleibt. Ich vermute, das hat ihn darin bestärkt, Parteivorsitzender bleiben zu wollen.

Nach Ihrer Ausrufung zum „Kopf und Gesicht der FDP" fanden Sie angeblich eine Parteizentrale vor, die auf den Wahlkampf nur bedingt vorbereitet war.
Die Zentrale war personell entleert, weil viele erfahrene Mitarbeiter mittlerweile in Ministerien gewechselt waren. Rösler hatte viele junge Kräfte geholt, die mit den Aufgaben wachsen mussten. Die waren mit mir nicht vertraut und umgekehrt.

Als dann der Wahlkampf richtig losgehen sollte, sind Sie im Juni schwer gestürzt und brachen sich das linke Bein und die linke Hand. Fühlten Sie sich damals von der Partei ausreichend unterstützt und getragen?
Es gab eine hohe Solidarität. Kollegen des Präsidiums haben meine öffentlichen Termine ohne Murren übernommen. Besonders intensiv tat das Patrick Döring. So konnten wir die Zeit, in denen ich keine öffentlichen Termine wahrnehmen konnte, überbrücken. Immerhin konnte ich vom Krankenhaus aus Interviews geben.

Die ersten Meldungen, Sie könnten das Krankenhaus nach zwei Wochen verlassen und wieder nach Berlin kommen, waren wohl von Zweckoptimismus geprägt.
Ich konnte das Krankenhaus nach 12 Tagen verlassen, musste aber an Krücken gehen. Ich wollte im Wahlkampf aber nicht mit Gehhilfen auftreten. Nach sechs Wochen konnte ich dann doch das geplante Programm absolvieren, wenn auch mit gewissen Beeinträchtigungen und unter Schmerzen.

Es hat alles nicht geholfen. Am 22. September fehlten der FDP 102.819 Stimmen, 344 pro Wahlkreis. Hätte ein gesunder Spitzenkandidat die holen können?

Schwer zu sagen. Ich habe alles gegeben, was ich geben konnte, bin an die Grenze meiner Leistungsfähigkeit gegangen. Mehr war nicht drin. Ich habe mich in keiner Weise geschont, habe die fast 200 geplanten Termine absolviert. Hätte ich mehr Kraft gehabt – ich glaube, das Wahlergebnis hätte es nicht geändert.

3. Von hinten erschossen:
Sexismus-Skandal ohne Sexismus?

Am 23. Januar 2013, zwei Tage nach der Nominierung Rainer Brüderles zum Spitzenkandidaten, macht der „Stern" auf „stern.de" Werbung für das einen Tag später erscheinende neue Heft. Unter der Überschrift „Rainer Brüderle – Der spitze Kandidat" heißt es dort:

„Die FDP ist eine liberale Partei, eine Ansammlung von freien Geistern. Manchmal allerdings nimmt sich einer zu viele Freiheiten heraus. Unter der Überschrift "Der Herrenwitz" beschreibt unsere Kollegin Laura Himmelreich morgen im stern einen Mann, der zwischen Weißwein und "Körbchengröße 90 L" (Brüderle) zu Hause ist, einen Mann aus der Vor-Moderne. Sie schildert dabei auch, wie sich der FDP-Fraktionschef und neue Spitzenkandidat vor gut einem Jahr abends an der Hotelbar an sie heranwanzte. Für Laura Himmelreich, heute 29, war es der Versuch, ein professionelles Gespräch zu führen, für den 67-jährigen Rainer Brüderle war es offenkundig eine gute Gelegenheit, seine Aufreißerqualitäten an die Frau zu bringen.

"Brüderles Blick", schreibt Laura Himmelreich, wandert auf meinen Busen. "Sie können ein Dirndl auch ausfüllen." Im Laufe unseres Gesprächs greift er nach meiner Hand und küsst sie. "Ich möchte, dass Sie meine Tanzkarte annehmen." "Herr Brüderle", sage ich, "Sie sind Politiker, ich bin Journalistin." "Politiker verfallen doch alle Journalistinnen", sagt er. Ich sage: "Ich finde es besser, wir halten das hier professionell." "Am Ende sind wir alle nur Menschen." (...)

*Gegen ein Uhr nachts tippt ihm seine Sprecherin an die
Schulter. Brüderle verabschiedet sich von den umstehenden
Männern. Dann steuert er mit seinem Gesicht sehr nah auf
mein Gesicht zu. Ich weiche einen Schritt zurück und halte
meine Hände vor meinen Körper. Die Sprecherin eilt von
hinten heran: "Herr Brüderle!", ruft sie streng. Sie führte ihn
aus der Bar. Zu mir sagt sie: "Das tut mir leid." Zu ihm sagte
sie: "Zeit fürs Bett.""*

*(Reich, Franziska und Hoidn-Borchers, Andreas: Der spit-
ze Kandidat. 23. Januar 2013. Abrufbar im Internet. URL:
http://www.stern.de/politik/deutschland/rainer-brueder-
le-der-spitze-kandidat-1959408.html. Stand: 17.02.2014)*

**Können Sie sich noch erinnern, wann Sie erfahren haben, dass
der „Stern" Sie sozusagen unter der Gürtellinie attackiert?**
Der „Stern" lag meinem Büro bereits am Mittwoch vor, einen
Tag vor dem Verkaufsbeginn.

Was war Ihre erste Reaktion?
Ich war empört und dachte mir, die Veröffentlichung ist kein
Zufall. Am Montagnachmittag werde ich vom Bundesvorstand
ausgerufen als Spitzenkandidat, am Mittwoch gibt es die ersten
„Stern"-Exemplare mit einer Geschichte über eine Begegnung,
die mehr als ein Jahr zurücklag. Mir war klar: Das kann man
nicht innerhalb von 24 Stunden schreiben und drucken. Der
Artikel war offenbar von langer Hand vorbereitet für den Fall,
dass ich Parteivorsitzender oder Spitzenkandidat werde.

**Dachten Sie erst an den politischen Schaden oder: Was sagt
meine Frau dazu?**
Natürlich habe ich sofort meine Frau angerufen. Ich fand

40

den Artikel zutiefst unfair, insbesondere die ersten und letzten Absätze. Der Rest war ein Porträt, über dessen journalistische Qualität man streiten kann. Ich habe den Artikel empfunden als das, was er war: Eine gezielte Aktion gegen mich als Politiker und als Mensch.

Sollten Sie oder sollte die FDP getroffen werden?
Letztlich sollte die FDP getroffen werden. Aber es war eine Aktion, die meine persönliche Integrität beschädigen sollte.

Wie hat es Ihre Frau erfahren?
Fast gleichzeitig wie ich, weil sie diese infamen Meldungen im Internet gesehen hat. Sie war schockiert über diese Art der überaus unfairen und herabwürdigenden Berichterstattung, hat auch gesundheitlich erheblich darunter gelitten.

Bevor wir auf die Sexismus-Hysterie eingehen, die das Ganze ausgelöst hat, würde mich interessieren, wie Sie die Begegnung mit der „Stern"-Redakteurin Laura Himmelreich am 5. Januar 2012 in Erinnerung haben.
Es war am Vorabend des Dreikönigstreffen, nach dem Landesparteitag der FDP Baden-Württemberg, auf dem ich wie immer gesprochen hatte. Abends war der Dreikönigsball im Stuttgarter Maritim-Hotel. Meine Tanzleidenschaft hält sich in Grenzen, aber der Ball gehört nun mal zur Dreikönigs-Tradition der FDP. Ich bin, wie jedes Jahr, nach einer gewissen Zeit an die Hotelbar gegangen, um mit Journalisten ein Bier zu trinken und zu sprechen. Das waren für mich in all den vielen Jahren immer Gespräche „Unter 3", wie das im Berliner Jargon heißt – hatten also vertraulichen Charakter. Ich habe auch bei etwa 20 Dreikönigstreffen nie erlebt, dass ein Journalist oder eine Journalistin aus dem „Small Talk" an der Bar wörtlich zitiert hätte.

An der Bar trafen Sie auch die „Stern"-Reporterin.
Es war eine ganze Reihe von Journalisten dabei. Der Abend
war weit fortgeschritten, so um 23 Uhr, und es wurde viel ge-
flachst, auch im Zusammenhang mit Spekulationen, ich könnte
FDP-Bundesvorsitzender werden. Es war überhaupt keine Atmosphäre für ein „professionelles Gespräch", wie Frau Himmelreich es angeblich mit mir führen wollte. Frau Himmelreich
provozierte mich mit der Frage, ob ich nicht zu alt für dieses
Amt wäre. Ich hatte nicht die geringste Lust, mich auf diese
Altersdiskussion an der Bar einzulassen, und fragte die Dame,
warum sie denn Cola oder Wasser trinke. Sie erzählte, dass sie
aus München sei und auf dem Oktoberfest schon mal Bier trinke. In diesem Zusammenhang fiel eine völlig harmlos gedachte
Äußerung.

Sie sollen gesagt haben: „*Sie können ein Dirndl auch ausfüllen.*"
Was ich gesagt habe, war nicht böse gemeint. Weder die
Dame noch ihre umstehenden Kolleginnen und Kollegen empfanden es als anstößig. Es gab überhaupt keine negative Reaktion. Sonst hätte ich mich sofort entschuldigt. Ich maß der Sache
keinerlei Bedeutung bei. Wer mich kennt, weiß, dass ich kein
verbissener Mensch bin, sondern eher locker, auch im Umgang
mit Journalisten. Bis dato war mein Eindruck, dass diese Art
von den Journalistinnen und Journalisten akzeptiert wird. Ich
hatte auch in Stuttgart nicht den Eindruck, die Umstehenden
hätten etwas Unschickliches erlebt.

**Ich habe Sie ja schon öfters bei solchen Ereignissen erlebt. Sie
machen Frauen gern Komplimente, manchmal sind die auch
etwas übertrieben. Da die Menschen verschieden sind, findet
der eine einen flapsigen Spruch eben flapsig, der andere regt
sich darüber auf.**
Das ist sicher richtig. Aber in Stuttgart registrierte ich keinerlei Reaktion. Ich war mit Frau Himmelreich in keinem Moment

allein. Ringsum waren eine ganze Reihe anderer Teilnehmer an der Dreikönigsveranstaltung, auch Journalistinnen und Journalisten. Keiner hat irgendwie reagiert, schon gar nicht empört oder negativ. Auch Frau Himmelreich hat sich nicht über meine Äußerung beschwert oder gar empört. Nach Stuttgart hat sie sich mehrmals darum bemüht, mich in meinem Auto zu Terminen zu begleiten. Es gab also nicht den geringsten Anhaltspunkt, dass sie über irgendein Fehlverhalten meinerseits empört gewesen wäre. Wenn eine Frau meint, von einem Mann belästigt worden zu sein, wäre es doch normal, dass sie dessen Nähe meidet. Mit so einem Kerl will man doch nichts mehr zu tun haben. Wenn ich so wäre, wie Frau Himmelreich mich darzustellen versucht hat, hätte sie dann nicht ihre Chefredaktion bitten müssen, sie von weiteren Brüderle-Terminen zu entbinden?

Frau Himmelreich schreibt im „Stern": *„Im Laufe unseres Gesprächs greift er nach meiner Hand und küsst sie."*
Ich glaube, so war es.

Laut Frau Himmelreich ging es so weiter: *"Ich möchte, dass Sie meine Tanzkarte annehmen." "Herr Brüderle", sage ich, "Sie sind Politiker, ich bin Journalistin." "Politiker verfallen doch alle Journalistinnen", sagt er.*
Das war ja eine merkwürdige Situation. Nach einem langen Tag, nach einem Ball beginnt Frau Himmelreich an der Hotelbar eine tief schürfende Recherche über „Freiheit an sich" und die Legitimität, auch in meinem Alter noch politisch aktiv sein zu dürfen. Dazu hatte ich überhaupt keine Lust und habe deshalb mit Humor und Ironie versucht, von diesem Thema wegzukommen.

Sie boten ihr Ihre Tanzkarte an, was ja nicht Ernst gemeint gewesen sein kann. Tanzkarten gibt es vielleicht noch auf Adelsbällen, aber doch nicht auf Parteitagen.

Daran sehen Sie ja: Frau Himmelreich hat gar nicht gemerkt, dass ich überhaupt nicht mit ihr tanzen wollte. Bei sehr formellen Bällen gab es früher – fünfziger, sechziger Jahre – Tanzkarten, und zwar für jede Dame. Da konnten sich die Herren vor Ballbeginn für bestimmte Tänze eintragen lassen. Das war eine Art „Reservierungssystem". Dass Herren eine Tanzkarte anbieten – und das im Jahr 2012 – ist ein Witz. Aber Frau Himmelreich hat das bierernst aufgefasst. Was aber noch schlimmer ist: Auch keiner ihrer Vorgesetzten hat das beim Redigieren des Artikels bemerkt.

Die Kollegin empfindet schon die Vorstellung, als Journalistin mit einem Politiker zu tanzen, als unprofessionell.
Warum sollen auf einem Parteitag Journalisten nicht mit Politikerinnen tanzen und umgekehrt?

Ich bekenne mich schuldig: Ich habe das schon öfters gemacht, ohne deshalb ein schlechtes Gewissen wegen unethischen oder unprofessionellen Verhaltens zu haben. Aber lassen Sie uns über ein weiteres „Stern"-Zitat sprechen: „*Gegen ein Uhr nachts tippt ihm seine Sprecherin an die Schulter. Brüderle verabschiedet sich von den umstehenden Männern. Dann steuert er mit seinem Gesicht sehr nah auf mein Gesicht zu. Ich weiche einen Schritt zurück und halte meine Hände vor meinen Körper. Die Sprecherin eilt von hinten heran: "Herr Brüderle!", ruft sie streng. Sie führte ihn aus der Bar. Zu mir sagt sie: "Das tut mir leid." Zu ihm sagte sie: "Zeit fürs Bett.""*** **Richtig oder falsch?**
Es war inzwischen um 1 Uhr, es ging locker zu, es wurde viel gescherzt und gelacht. Ich war dabei, mich zurückzuziehen und mich von den umstehenden Damen und Herren zu verabschieden. Es ist ja nicht unüblich, dass man das bei Damen mit einem angedeuteten Wangenkuss tut.

Frau Himmelreich fühlte sich aber offenbar bedrängt.
Sie wich den ganzen Abend an der Bar nicht von meiner Seite. Wenn man sich falsch behandelt oder gar belästigt fühlt, wäre die normale Reaktion, dass man das anspricht oder zumindest den Standort wechselt, sich eher mit anderen FDP-Politikern unterhält, als stundenlang bei dem angeblichen Belästiger zu bleiben.

Also sind Sie sicher, an dem Abend nichts falsch gemacht zu haben?
Ja. Ich habe mich an diesem Abend nicht anders verhalten als bei ähnlichen Gelegenheiten.

Sie sahen und sehen keinen Grund, sich bei Frau Himmelreich zu entschuldigen?
Nein. Ich habe auch bei ihr keinerlei Reaktion registriert, die mich zu einer Entschuldigung veranlasst hätte.

Frau Himmelreich hat Sie in dem Artikel mehrfach wörtlich zitiert. Hat sie am Abend an der Bar einen Block dabei gehabt oder ein Aufnahmegerät?
Ein Aufnahmegerät hätte eigentlich auffallen müssen.

Falls sie ein Gerät dabei gehabt haben sollte: Es ist zweifellos nicht üblich, dass Journalisten bei einem Parteitag mit versteckten Mikrofonen arbeiten.
Darüber mag ich nicht spekulieren.

In dem „stern"-Artikel wird Ihre Sprecherin Beatrix Brodkorb zitiert, sie habe zu Frau Himmelreich gesagt, *"Das tut mir leid."* Das impliziert, Sie hätten sich nicht angemessen verhalten.
Das habe ich nicht mitbekommen. Die Runde hat sich meiner Erinnerung nach in guter Atmosphäre und ohne jede Missstimmung aufgelöst.

Sie meinen nicht, dass dieses Zitat Ihnen geschadet hat?
Ich weiß gar nicht, ob dieses Zitat so gefallen ist. Geschadet hat mir die Machart des „Stern"-Artikels, nicht das eine oder andere angebliche Zitat.

„Herr Brüderle, Zeit fürs Bett" – war das der übliche Umgangston zwischen Ihnen beiden?
Die Runde war in Auflösung. Ich war ohnehin dabei, mich zu verabschieden. Einer Aufforderung bedurfte es nicht. Ob das damals wirklich so gesagt wurde? Warum soll ich mir da im Nachhinein den Kopf zerbrechen.

Die „Stern"-Autorin schreibt regelmäßig über die FDP. Wie war das nach dieser angeblichen Belästigung im Januar 2012: Hat sie ihr Verhalten Ihnen gegenüber irgendwie verändert?
Sie hat sich weiterhin bemüht, mich bei Terminen im ganzen Land zu begleiten. Ich erinnere mich, dass sie mich kurz nach dem Dreikönigstreffen bei Veranstaltungen in Schleswig-Holstein begleitet hat. Sie fuhr auf ihren ausdrücklichen Wunsch in meinem Auto mit. Sie fragte auch bei anderen Terminen an, ob sie in meinem Wagen mitfahren könne. Vom Opfer einer angeblichen Belästigung würde man das nicht erwarten.

Hat Frau Himmelreich niemals eine Bemerkung wegen Stuttgart gemacht?
Nein, nie. Sie hat durch nichts zu erkennen gegeben, dass sie irgendwelche Vorbehalte gegen mich hätte.

Zurück zum 23. Januar, als Sie von dem „Stern"-Interview erfuhren. Der Sexismus-Vorwurf fehlte schon an diesem Mittwoch in keiner Nachrichtensendung. Alle Journalisten wollten eine Stellungnahme. Und von der ersten Minute bis zu diesem Gespräch lautete Ihre stereotype Antwort: „Kein Kommentar". Sie hätten doch zum Beispiel sagen können:

„Ich kann mich nicht erinnern, Frau Himmelreich belästigt zu haben. Sollte sie eine Äußerung falsch verstanden haben, tut mir das Leid. Ich wundere mich allerdings, dass Frau Himmelreich trotz meines angeblichen Fehlverhaltens sich anschließend ständig um Kontakt zu mir bemüht hat und häufiger mit mir im Auto fahren wollte, als das möglich war." Warum haben Sie nicht so eine Strategie gewählt?

Angesichts der Wucht, mit der dieser Fall öffentlich diskutiert wurde, hätte eine solche Reaktion keine Chance gehabt. Im Gegenteil: Jede Äußerung hätte einen Teil der Medien nur angestachelt, ihren Feldzug mit noch größerem Eifer fortzusetzen. Zur Meinungsfreiheit gehört auch, schweigen zu dürfen. Das habe ich getan, weil aus meiner Sicht damals eine nüchterne, sachliche Debatte einfach nicht möglich war.

Impliziert „kein Kommentar" nicht immer, es ist doch was dran?

So weit sind wir in Deutschland noch nicht, dass eine Nicht-Äußerung ein Geständnis bedeutet.

Natürlich hat jeder das Recht, sich zu Vorwürfen oder Spekulationen nicht zu äußern. Nehmen wir mal ein ganz unpolitisches Beispiel. Wenn ein Fußballmanager gefragt wird, ob der Trainer beim nächsten Spiel noch auf der Bank sitze, und er mit „kein Kommentar" antwortet, weiß jeder, dass dieser Trainer bald entlassen wird.

Der Fall ist nicht vergleichbar. Es wurden in meinem Fall ja keine Fakten diskutiert. Gegen mich persönlich und meine Partei war eine emotionale Welle ausgelöst worden. Jenseits von Fakten und einer rationalen Auseinandersetzung hat man einfach keine Chance.

„WENN ZUR JAGD GEBLASEN WIRD …"

„SPIEGEL: FDP-Fraktionschef Rainer Brüderle geriet Anfang des Jahres als Schürzenjäger in die Schlagzeilen. War es klug von ihm, sich nicht öffentlich zu wehren?

Seehofer: Ja, das war richtig. Wenn zur Jagd geblasen wird, haben Sie als einzelne Person keine Chance, sich dagegen zu wehren. Ich habe das am eigenen Leib erlebt.

SPIEGEL: Sie spielen auf das Jahr 2007 an, als Sie wegen einer außerehelichen Affäre in die Schlagzeilen gerieten.

Seehofer: Ich habe damals einfach nein gesagt.

SPIEGEL: Was meinen Sie damit?

Seehofer: Nichts hören, nichts sehen, nichts lesen. Ich habe die Berichterstattung einfach ignoriert."

(Der bayerische Ministerpräsident Horst Seehofer (CSU) in: Der Spiegel, Nr. 50 vom 9. Dezember 2013)

Fühlen Sie sich als Opfer?
Ich bin unfair behandelt worden.

Haben Sie damals vielleicht unterschätzt, welchen medialen Hype der „Stern" mit seiner Geschichte auslöst?
Ich wusste nicht, dass es so heftig wird. Dass es so lange andauern würde, war mir ebenfalls nicht klar. Ich bin aber nach wie vor überzeugt, dass jede Äußerung von mir die öffentliche

Debatte nur verlängert hätte. Ich habe inzwischen natürlich viel über meine damalige Strategie nachgedacht. Ich bleibe jedoch dabei, dass meine Entscheidung richtig war.

Indem Sie sich nicht äußerten, wurden die Behauptungen von Frau Himmelreich als Fakten wahrgenommen. Und eine Diskussion darüber, wie glaubwürdig eine Frau ist, die nach einer angeblichen Belästigung weiterhin mit dem vermeintlichen Belästiger durchs Land reisen möchte, haben Sie Frau Himmelreich erspart.

Diese Fakten wurden ja bekannt und darüber wurde auch in den vielen Talkshows diskutiert. Das hat diese Debatte aber nicht abgekühlt oder gar beendet. Was einmal mehr meine Einschätzung bestätigt, dass es für eine faire Diskussion keine Chance gab.

Frau Himmelreich hat alle Einladungen zu Talkshows abgelehnt, sie hat kein einziges Interview gegeben. Wie erklären Sie sich das?

Es kam mir sehr merkwürdig vor. Sie hat einen Artikel geschrieben, der mich hart treffen, vielleicht auch politisch vernichten sollte. Aber der öffentlichen Diskussion, die sie selber ausgelöst hat, hat sie sich entzogen. Ich könnte mir vorstellen, dass sie in Talkshows nicht gefragt werden wollte, warum sie als angebliches Opfer immer wieder den Kontakt zu mir als angeblichem Täter gesucht hat. Sie wäre wohl auch gefragt worden, warum sie über ein Jahr lang über die angebliche Belästigung geschwiegen hat.

Was vermuten Sie?

Frau Himmelreich wird dazu von „deutschlandradio.de" so zitiert: „Der Tenor des Artikels sollte nie sein: Sie wurde von Rainer Brüderle belästigt und jetzt will sie ihn an den Pranger stellen." Und weiter: „Ihre Absicht sei es gewesen, aufzuzeigen, dass Brüderle ein Politiker sei, der aus der Zeit gefallen zu sein scheint. Und dass der 67-Jährige nun als Spitzenkandidat der FDP im Wahljahr 2013 ins Rennen geschickt wird – das passe nicht." Das sagt doch alles: Es ging Frau Himmelreich und dem „Stern" gar nicht um das Thema sexuelle Belästigung. Das Ziel war letztlich ein Frontalangriff auf die FDP und mich als Spitzenkandidaten.

Das war ja mit Sicherheit kein Alleingang der „Stern"-Redakteurin Himmelreich.

So ein Artikel wird nicht geschrieben, jedenfalls nicht gedruckt, wenn die Chefredaktion oder der Verlag das nicht wünschen. Wobei der „Stern" beim Thema Sexismus im Glashaus sitzt. Dieselbe Frau Himmelreich hatte im September 2012 im „Stern" die CSU-Politikerin Ilse Aigner unter der Überschrift „Dirndltauglich" so abqualifiziert: sie sei „halbwegs vorzeigbar" und „dirndltauglich ist sie eh". Es ist schon merkwürdig, wenn man meine launige Bemerkung über die eigene Dirndltauglichkeit als anzüglich betrachtet, andere aber mit einem solchen Prädikat belegt. Glaubwürdigkeit sieht anders aus.

REDE-REPUBLIK

Unmittelbar nach dem Artikel der Journalistin Laura Himmelreich im „Stern" gab es im Fernsehen eine Fülle von Talkshows zu diesem Thema. Eine Auswahl:

„Herrenwitz mit Folgen – Hat Deutschland ein Sexismus-Problem?" Günther Jauch (ARD) am 27. Januar.

„Glotzen, Grabschen, Sprüche klopfen – Sind Frauen Macho-Opfer?" – Log-In (ZDF-Info) am 28. Januar.

„Sexismus-Aufschrei – hysterisch oder notwendig?" –
Anne Will (ARD) am 30. Januar.

„Schote, Zote, Herrenwitz – ist jetzt Schluss mit lustig?" –
Maybrit Illner *(ZDF) am 31. Januar.*

„Dirndl-Gate" *Zwischen dem 29. und 31. Januar diskutiert Markus Lanz (ZDF) dreimal über das Thema. Unter
den insgesamt 17 Gästen ist auch Martin Lindner (FDP),
der von Lanz als „berühmtester Eierkrauler des Bundestags"
vorgestellt wird.*

**Sexismus gibt es ja zweifellos. War der Bericht über Sie viel-
leicht nur der Auslöser für eine so breite Diskussion?**
Es gibt gute Gründe, über Sexismus im Alltag zu diskutieren.
Und wahrscheinlich waren viele in den Medien selber überrascht, dass dieser angebliche Vorfall am Vorabend des Drei-
königstreffens eine Grundsatzdebatte über Sexismus ausgelöst
hat. Dass ich die Dame überhaupt nicht belästigt habe, spielte in
dieser aufgeheizten Atmosphäre gar keine Rolle mehr.

**Haben Sie damals auch an rechtliche Schritte gegen den
„Stern" und die Autorin gedacht?**
Ein Rechtsstreit hätte die Debatte nur verlängert. Mein Ziel
war, die für die FDP und mich als Spitzenkandidaten nachteili-
ge Debatte abzukürzen.

**Ihr Parteifreund Wolfgang Kubicki hat sich an der Talk-
show-Front mannhaft für Sie in die Bresche geworfen. Was
hat er als erfahrener Jurist Ihnen geraten?**
Auch er riet mir vom Rechtsweg ab.

Haben Sie damals ans Aufgeben gedacht?
Nein. Mir fehlte und fehlt jedes Bewusstsein, mich daneben benommen zu haben.

Fühlten Sie sich in dieser schwierigen Situation vom Partei-vorsitzenden, dem Generalsekretär und anderen FDP-Politikern angemessen unterstützt?
Die Partei stand zu mir. Nicht jede Äußerung war hilfreich, weil dadurch die Debatte eher verlängert als beendet wurde.

War Ihre Strategie „Kein Kommentar" mit der FDP-Spitze abgestimmt?
Mit meinen engsten Beratern. Als Betroffener konnte letztlich nur ich selbst diese Entscheidung treffen.

Wer Sie kennt, weiß, Sie sind ein fröhlicher Mensch. Sie neigen zu flotten Sprüchen. Seit Ihren Zeiten als für den Weinbau zuständiger Landesminister hängt Ihnen das Image des Weinköniginnen-Küssers an. Sind Sie in gewisser Weise das Opfer Ihres rheinpfälzischen Naturells geworden?
Als unter anderem für den Weinbau zuständiger Minister in Rheinland-Pfalz gehörte es zu meinen Aufgaben, für den Wein zu werben. Das ist meinen Mitarbeitern und mir gut gelungen. Auftritte mit Weinköniginnen waren ein wichtiges Instrument unseres Marketings. Dass manche Menschen nördlich des Mains das nie verstanden haben – was soll's?

Also doch ein Opfer?
Ich fühlte und fühle mich unfair behandelt. Ein Jahr mit diesen Vorwürfen zu warten, sie aber 48 Stunden nach meiner Ernennung zum Spitzenkandidaten zu bringen, dahinter steckte keine journalistische, sondern eine politische Strategie.

Ich habe Sie in Berlin unmittelbar nach der „Stern"-Veröffentlichung erlebt und bin plötzlich einem anderen Rainer Brüderle begegnet. Sie wirkten wie ausgewechselt, waren viel zurückhaltender, in gewisser Weise verunsichert. Späße machten sie kaum noch, wenn ja, wirkten sie ein bisschen aufgesetzt. Wie sehr hat diese Affäre Sie beschädigt?

Es hat mich sehr belastet. Denn ich hatte und habe ein reines Gewissen. Es hat mich schon schwer getroffen, dass solche Vorwürfe ein Jahr nach dem angeblichen Vorfall publiziert wurden, und auch noch in einer Zeit, in der es die Partei ohnehin nicht leicht hatte. Das war keine Auseinandersetzung zur Klärung eines Sachverhalts. Diese Kampagne war politisch motiviert und zielte auf den Menschen.

Wer war in dieser Zeit die wichtigste Stütze?

Meine Frau. Sie litt sehr darunter, was sie alles lesen musste, stand aber ohne Wenn und Aber zu mir.

In der ersten „Stern"-Meldung, die online lief, wurden Zweifel geweckt, ob in Ihrer Ehe alles stimme. Denkt man da nicht, ich zahle für diesen Beruf des Politikers einen viel zu hohen Preis?

Ja, solche Gedanken kommen einem. Muss man alles erdulden, was da aus einer Medienwelt kommt, die meines Erachtens in den letzten Jahrzehnten viel gnadenloser und brutaler geworden ist? Das könnte auch einer der Gründe sein, warum es heute schwierig ist, junge Menschen für die Politik zu gewinnen. Bei allen Parteien nimmt die Zahl der Menschen, die politisch engagiert sind, eher ab als zu.

Hat Ihre Frau Sie manchmal gewarnt, in der Öffentlichkeit nicht so locker aufzutreten?

Sie kennt mich ja. Ich bin weder gelernter Schauspieler noch wollte ich jemals einer werden. Man muss auch einmal eine vielleicht nicht ganz so geistreiche Bemerkung machen können oder einen nicht ganz gelungenen Witz erzählen dürfen. Aber auch ein Politiker muss sich selbst treu bleiben. Ich bin nicht bereit, mich zu verstellen, nur weil das besser ankommt.

Wenn Ihre Frau während dieser Affäre gesagt hätte: „Jetzt habe ich genug, mach' endlich Schluss mit der Politik"?
Das war kein Thema.

Was der „Stern" losgetreten hat, hat sicherlich zum schlechten FDP-Ergebnis beigetragen. Waren demnach Frau Himmelreich und der „Stern" – neben Angela Merkel und der CDU – die Gewinner der Bundestagswahl?
Ich habe es so empfunden, dass der „Stern" mich politisch und persönlich beschädigen wollte. Damit war er erfolgreich.

"STERN"-REDAKTEURIN ERKLÄRT HINTERGRUND IHRES BRÜDERLE-PORTRÄTS

„Der Tenor ihres Artikels sollte nie sein: Sie wurde von Rainer Brüderle belästigt und jetzt will sie ihn an den Pranger stellen. Das erklärt die "Stern"-Autorin Laura Himmelreich gegenüber dem Deutschlandfunk. Ins Mikrofon will sie nichts sagen, doch liegt ihr daran, ihre Intention des Artikels persönlich klar zu stellen. Zitieren ist also erlaubt.

Ihre Absicht sei es gewesen, aufzuzeigen, dass Brüderle ein Politiker sei, der aus der Zeit gefallen zu sein scheint. Und dass der 67-Jährige nun als Spitzenkandidat der FDP im Wahljahr 2013 ins Rennen geschickt wird – das passe nicht. (…)

Laura Himmelreich reagierte gestern bereits auf Twitter. Gegenüber dem Deutschlandfunk erklärt sie: Vor einem Jahr habe der "Stern" keinen Grund gesehen, ein Stück über Rainer Brüderle zu schreiben. Aufgrund seiner exponierten Position habe sich die Lage geändert."

(Herb, Verena: "Stern"-Redakteurin erklärt Hintergrund ihres Brüderle-Porträts. 24. Januar 2013. Abrufbar im Internet. URL: http://www.deutschlandradio.de/stern-redakteurin-erklaert-hintergrund-ihres-bruederle.331.de.html?dram:article_id=235350. Stand: 17.02.2014)

4. Wahlkampf:
Kampf ums Überleben

Vier Wochen nach der Bundestagswahl bedauerten laut Allensbach 22 Prozent der Wähler das Ausscheiden Ihrer Partei. 19 Prozent sagten, Deutschland brauche auch in Zukunft die FDP. Das Potenzial für fünf Prozent war also da. Warum haben Sie es nicht ausgeschöpft?

Das ist die zentrale Frage, die wir uns alle stellen. Unser Potenzial war und ist beachtlich. Bei der Bundestagswahl 2009 schöpften wir es mit 14,6 Prozent weitgehend aus. Dass das dieses Mal nicht geklappt hat, dafür gab es eine Fülle von Gründen. Viele glaubten, die FDP schafft es sowieso. Von den Wechselwählern, die mal CDU, mal FDP wählen, dachten viele nach unserem guten Abschneiden in Niedersachsen, so stark müssten wir auch nicht werden. Insofern war unser Erfolg in Niedersachsen kein Schub für den 22. September. Im Nachhinein war das eher ein Malus. Zudem haben wir unseren Anteil am Erfolg der schwarz-gelben Regierung nicht angemessen darstellen können. Die Auseinandersetzungen, die in einer Koalition aus praktisch drei Parteien unvermeidlich sind, wurden primär als Streitereien und Stänkereien der FDP gesehen. Dabei wurde auch übersehen, dass wir uns zu Recht von der CDU/CSU nicht immer fair behandelt fühlten, weil große Teile des Koalitionsvertrags nicht umgesetzt wurden.

Da war ja auch vieles sehr vage formuliert.

Richtig, wir haben den Fehler gemacht, zu viele Prüfaufträge zu vereinbaren, vieles nicht konkret auszuhandeln. Das rächt sich immer. Der kleinere Partner ist nur wirklich stark vor der Kanzlerwahl und bei der Verabschiedung von Haushalten, ansonsten hat er es immer schwerer.

Die gute Wirtschaftslage hat der FDP auch nicht geholfen.

Das klingt jetzt vielleicht verrückt, aber in einer wirtschaftlichen Krise hätten die Wähler die Wirtschaftskompetenz der FDP vielleicht höher eingeschätzt.

Ihr Erfolg von 2009 hatte einen Grund: „Mehr Netto vom Brutto." Aber dann hat die FDP nicht geliefert. War damit ihr schlechtes Ergebnis von 2013 nicht bereits programmiert?

Die Erwartungen der Wähler waren sehr hoch. Wir haben nur in Teilen geliefert. Im Koalitionsvertrag waren Steuerentlastungen festgeschrieben. In der Endphase sollten die Bürger jährlich um etwa 20 Milliarden Euro entlastet werden. Mit dem Wachstumsbeschleunigungsgesetz haben wir geliefert – aber nur etwa ein Drittel dieses Volumens. Dann kam noch hinzu, dass die Steuererleichterungen in kleinen Schritten im Verlauf der Legislaturperiode kamen. Es wurde gekleckert statt geklotzt. Wenn man es auf einen Schlag gemacht hätte, gleich zu Beginn der Legislaturperiode, wäre es allen klar gewesen: Die FDP hat etwas verändert. Zugeben muss ich aber, dass sich bei der Gewerbesteuer gar nichts und bei der Steuervereinfachung nur wenig getan hat.

Hier gab es ja einen eher lächerlichen Streit in der Koalition über die Erhöhung der Arbeitnehmerpauschale von 920 auf 1000 Euro.

Wenn man die Erwartung auf einen bürgerlichen Neuanfang, auf einen Aufbruch, weckt, dann führen Streitereien wegen solcher Kleinigkeiten zu großer Enttäuschung. Ich sage es noch einmal: Wir wurden von der CDU und der CSU oft nicht fair behandelt, und wir haben es uns gefallen lassen. Das führte dann auch dazu, dass unsere Abgeordneten sich im Wahlkreis wegen der zu zögerlichen Steuerpolitik ständig rechtfertigen mussten. Wenn sie dann nach Berlin zurückkamen, wollten sie das die Union spüren lassen. Da wurden dann aus Kleinigkeiten große symbolische Streitpunkte.

Es gab ja nicht nur ständig Spannungen innerhalb der Regierungsparteien. Die FDP hat ja selber den Eindruck eines sehr zerstrittenen Vereins gemacht, wegen der ständigen personellen Querelen und auch wegen des Mitgliederentscheids bei der Euro-Frage. Ein Kommentator schrieb nach der Wahl, die FDP habe „einfach, niedrig und gerecht" verloren.

(Lacht.) In einer liberalen Partei gibt es immer Spannungen. So etwas soll es sogar bei der Union geben. Eine Reihe namhafter CDU-Politiker sind ja aus der aktiven Politik ausgeschieden, weil sie keine Chance sahen, sich einzubringen. Aber das Entscheidende bei uns war doch, dass wir die großen Erwartungen unserer Wähler nicht erfüllen konnten. Folglich gingen unsere Umfragewerte deutlich zurück, und das versuchten einige am Vorsitzenden Westerwelle und anderen Kabinettsmitgliedern festzumachen.

Das Verhältnis zur Union war sicher auch durch das schlechte Wahlergebnis der CDU/CSU von 2009 belastet. In früheren schwarz-gelben Koalitionen war das Verhältnis von Union zu FDP etwa 40 zu 7 Prozent, 2009 lautete es 34 zu 15.

Manche in der Union hatten sich schon am Wahlabend 2009 fest vorgenommen, uns wieder auf die alte Größe herunterzudrücken. Man muss auch den europaweiten Hintergrund sehen. Zum Teil sind die christdemokratischen Parteien verschwunden. In Italien spielt die Democrazia Christiana keine Rolle mehr. Unsere Schwesterpartei in Holland, die VVD, hat dort die christdemokratische Partei als führende bürgerliche Kraft mehr oder weniger abgelöst. Das hat man in der Union sehr wohl registriert. Aber ich klage nicht so sehr über die Koalitionspartner. Wir haben zu lange zugeschaut, haben uns klein machen lassen. Wir waren auch wegen der Landtagswahlen in Nordrhein-Westfalen im Mai 2010 – zu Beginn der Legislaturperiode – zu zögerlich. Genau das war falsch. Gerade der kleinere Partner in einer Koalition muss in der Sache klare Kante zeigen. Wir waren auch nach elf Jahren Opposition auf die Regierungsbeteiligung nicht so gut vorbereitet, wie es notwendig gewesen wäre, um der Union Paroli zu bieten.

Die FDP ging bei guter wirtschaftlicher Lage als Regierungspartei in einen Wahlkampf, aber ohne jeden Regierungs-Bonus. Das gab es noch nie.

So war es leider, trotz unserer fünf Bundesminister. Wir hatten eher einen Regierungs-Malus. Das Thema Euro ging voll auf das positive Konto der Kanzlerin. Der Außenminister spielte da, anders als der Finanzminister, kaum eine Rolle, weil die Europapolitik faktisch im Kanzleramt beziehungsweise im Finanzministerium gemacht wird.

Zurück zum Wahlkampf 2013: Was war eigentlich das zentrale Wahlkampfthema der FDP? „Partei der Freiheit" war ja nicht gerade ein zündender Slogan.

Auch in der Ordnungspolitik geht es um Freiheit. Wir haben hier viele unserer Prinzipien gegenüber der Union verteidigt. Wir haben darauf gesetzt, dass es Deutschland in den vergangenen vier Jahren gut gegangen ist. Und diesen vier guten Jahren wollten wir weitere vier Jahre hinzufügen. Ein Versprechen der Kontinuität.

Kontinuität ist aber nie sexy.

Das ist ein Problem. Aber nach vier Jahren als Regierungspartei – keine andere Regierung in Europa war so erfolgreich wie wir – kann man schlecht sagen, es war bisher alles falsch. Wir haben versucht, unsere Unterschiede gegenüber den anderen beiden Volksparteien deutlich zu machen, in erster Linie, dass wir keinen allmächtigen Staat wollen, sondern auf Freiräume, auf Dezentralität und Flexibilität achten.

Ihr Generalsekretär nannte bei der Vorstellung des FDP-Wahlprogramms „Vollbeschäftigung, Schuldenabbau, mehr Wohlstand für alle" als zentrale Themen. Das kann in einem Land mit Rekordbeschäftigung eigentlich nicht zünden.
Es gab immer und gibt auch heute noch Regionen, wo die Arbeitslosigkeit zu hoch ist. In einigen Regionen im Süden und Südwesten haben wir bei der Arbeitslosenquote eine eins oder zwei vor dem Komma, also praktisch Vollbeschäftigung. Aber in anderen Regionen, gerade in den neuen Bundesländern, ist die Arbeitslosigkeit deutlich höher. Was den Wohlstand betrifft: Wir Liberalen folgten schon immer Ludwig Erhards Devise, den Kuchen wachsen zu lassen, statt in Verteilungskämpfen über die Größe der einzelnen Kuchenstücke zu streiten.

Schuldenabbau ist wohl auch kein Thema, das den Durchschnittswähler sehr beschäftigt.
Das mag sein. Aber Schuldenabbau ist eine Frage der Generationengerechtigkeit. Da geht es auch um eine Grundeinstellung. Gehen wir den bequemen Weg des Schuldenmachens oder den anspruchsvolleren der Konsolidierung? Wir haben die Schuldenbremse nicht nur in Deutschland durchgesetzt, sondern mehr oder weniger europaweit; sie ist Bestandteil des Fiskalpakts. Da haben wir durchaus für ein neues Denken gesorgt: weg von der Haltung, unangenehme Dinge auf die nächste Generation zu verschieben.

Auf der Homepage der FDP kann man heute noch die Schwerpunkte des Bürgerprogramms 2013 nachlesen: erstens Haushalt, zweitens Steuern, drittens kalte Progression, viertens Solidaritätszuschlag, fünftens Bürgerrechte. Dann kamen Mindestlohn, Energie, Europa und Euro. Der Vor-

wurf, die FDP habe sich im Wahlkampf verengt auf Wirtschaft und Finanzen, war wohl nicht falsch.

Die FDP hat immer einen gewissen Schwerpunkt gelegt auf Wirtschaftsthemen, weil wir da eine besondere Expertise vorweisen können. Wenn jemand wie ich insgesamt fast vierzehn Jahre in Land und Bund Wirtschaftsminister war, ist das ja auch schon Programm. Zumal wir die Lücke bei der Union gesehen haben. Die Zahl ihrer profilierten Wirtschaftspolitiker ist nach dem Ausscheiden vieler Prominenter, angefangen mit Friedrich Merz, sehr überschaubar. Die CDU/CSU ist in der Wirtschafts- und Sozialpolitik eindeutig nach links gerückt. Wir sagen dagegen, die beste Sozialpolitik ist eine Politik der Vollbeschäftigung.

Ist das der so genannte liberale Markenkern?

Dass die Eigeninitiative Vorrang vor der Solidarität der Gemeinschaft hat, das ist schon urliberal. Dazu gehört, dass der Staat nicht immer mehr Zuständigkeiten an sich zieht, dass der Einzelne private Vorsorge treffen kann, dass der Mittelstand die Luft zum Investieren hat, dass kleine und mittlere Unternehmen nicht immer abhängiger von Großkonzernen werden. Dazu gehört die Bürgerrechtspolitik. Die Ausspähpolitik NSA hat ja wieder klargemacht, wie wichtig der Schutz der Privatsphäre ist. Das darf nicht mit dem platten Satz vernebelt werden, wer nichts zu verbergen hat, braucht keine Angst vor Überwachung zu haben.

Die Steuersenkungspartei FDP hat bei der letzten Wahl nichts mehr versprochen, sondern lediglich ein „konsistentes, transparentes, einfaches Steuerrecht" gefordert. Hätten Sie nicht wenigstens für den Abbau der „kalten Progression" kämpfen müssen?

Das Thema „kalte Progression" ist deshalb schwer vermittelbar, weil die meisten nicht wissen, was damit gemeint ist. Dabei trifft sie gerade die unteren und mittleren Einkommen. Wenn die Wähler die Zusammenhänge nicht so genau kennen, kann eine noch so berechtigte Forderung sogar schaden. Wir waren – aus guten Gründen – für die Abschaffung des Soli. Der Soli ist nicht zweckgebunden. Aber die Menschen in den neuen Ländern glauben bis heute, diese Ergänzungsabgabe komme allein ihnen zugute, was ja bekanntlich nicht der Fall ist. Vielen Ostdeutschen ist auch nicht bewusst, dass auch sie den Solidaritätszuschlag entrichten müssen. Trotzdem hat unsere Forderung nach seiner Abschaffung zu unserem schlechten Abschneiden in Ostdeutschland beigetragen.

Sprechen wir über den Mindestlohn. Nachdem die CDU sich schon in großen Schritten auf die SPD zubewegt hatte, hätte man eigentlich von der FDP erwarten müssen, dass sie diesen Etikettenschwindel entlarvt. Von 8,50 Euro kann kein Familienvater seine Familie ernähren. Wer etwas anderes sagt, lügt doch die Leute an. Aber die FDP war da plötzlich auch gutmenschlich angehaucht.

Sicherlich wollten manche in der Partei nicht immer dem Vorwurf ausgesetzt sein, wir wären eine „kalte" Partei. Wir haben einen gesetzlichen Mindestlohn immer für Unsinn gehalten. Man muss jedoch auch sehen, dass dort, wo die Arbeitgeber in ihren Verbänden und die Arbeitnehmer gewerkschaftlich kaum organisiert sind, vor allem in den neuen Ländern, die Tarifautonomie eben nicht funktionieren kann. Das kann man ja schon bei Walter Eucken nachlesen: Wenn der Wettbewerb nicht funktioniert, muss der Staat eingreifen. Insofern lag es für mich in der ordnungspolitischen Logik, gegen einen gesetzlichen Mindestlohn zu sein, gleichzeitig aber in Regionen ohne funktionierende Tarifpartnerschaft eine Lohnuntergrenze festzulegen. Das sollte eine Kommission machen, bestehend aus je drei Vertretern von Arbeitgebern und Arbeitnehmern und drei „Neutralen", zum Beispiel aus der Wissenschaft – aber eben nicht der Gesetzgeber.

Es gab in diesem Wahlkampf keine Wechselstimmung. Das hätte doch beiden Koalitionspartnern nützen müssen.

Das Land fühlt sich wohl und geborgen. Die Menschen wollten nicht zu sehr mit differenzierten Positionen behelligt werden. Sie wollten auch keine großen Veränderungen. Das ist ja das Erfolgsrezept von Frau Merkel, es entspricht in weiten Teilen der Mentalität in Deutschland: keine großen Kontroversen.

Auf dem Stimmzettel stand eine neue Partei, die „Alternative für Deutschland". Die wurde anfänglich vor allem als Konkurrenz zur Union gesehen, auch deshalb, weil viele ihrer führenden Leute eine CDU-Vergangenheit haben. Hatten Sie damals die Hoffnung, die nehmen der Union Stimmen weg, aber uns nicht?

Es schien tatsächlich so, als versammelten sich dort eher enttäuschte national-konservative Kräfte aus der Union. Nehmen Sie nur einen so prominenten Mann wie Alexander Gauland, den ehemaligen Chef der hessischen Staatskanzlei unter dem CDU-Ministerpräsidenten Walter Wallmann. Ich bin davon ausgegangen, die AfD werde sehr deutlich unter 5 Prozent bleiben. Dass sie dann fast so viele Stimmen wie wir bekommen hat, lag wohl daran: Sie konnte viele Unzufriedene und Nichtwähler aktivieren.

Offenbar haben Sie die AfD unterschätzt. Jedenfalls hat die FDP keinen richtigen Wahlkampf gegen die AfD geführt.

Das haben wir bewusst nicht gemacht, weil wir dachten, bei einer solchen Auseinandersetzung werten wir die AfD nur auf. Aber sie hat uns gut 400.000 Stimmen gekostet.

Der FDP fehlten am Ende 0,2 Prozentpunkte. Also war ihre Strategie falsch, oder?

Ich weiß nicht, ob es ein Fehler war. Wenn wir die AfD heftig attackiert hätten, hätte die vielleicht noch besser abgeschnitten.

Im Sommer 2013 war die Lage so: Die FDP hatte keinen Regierungsbonus. Es fehlte ein zündendes Wahlkampfthema. Da kam plötzlich Edward Snowden mit seinen Enthüllungen über die Ausspähpraktiken der USA. Eigentlich eine Steilvorlage für die „Freiheitspartei" FDP.

Wir wurden dadurch ja auch bestätigt in unserer Kritik an der anlasslosen Vorratsdatenspeicherung, die wir immer abgelehnt haben. Das bedeutet ja nichts anderes, als dass alle Bürger unter Generalverdacht gestellt werden, um ihre Daten abgreifen zu dürfen. Snowdens Enthüllungen waren eigentlich eine glänzende Bestätigung unserer Haltung. Selbst Seehofer wandte sich plötzlich gegen Vorratsdatenspeicherung. Zuvor hatte er Frau Leutheusser-Schnarrenberger als Unsicherheitsministerin und die FDP als Unsicherheitspartei diffamiert. Plötzlich hat er die gleiche Position übernommen. Aber ich glaube, vielen Menschen war gar nicht so bewusst, was da geschah. Das Thema hat die Medien und die Politik mehr erregt als die Öffentlichkeit.

Die FDP und insbesondere Frau Leutheusser-Schnarrenberger waren bei Snowden und NSA glaubwürdig, aber sie waren nicht laut. Hat die FDP nicht auch in dieser Frage zu sehr darauf geachtet, sich vom Koalitionspartner nicht allzu weit zu entfernen?

Eine Regierungspartei kann nicht gleichzeitig Oppositionspartei sein.

Ist die FDP beim Thema Snowden nicht mehr durchgedrungen, weil man ihr das Etikett Bürgerrechtspartei schon längst nicht mehr abgenommen hat, weil man sie in erster Linie als Wirtschaftspartei sah?

Das Thema Datensicherheit konnte für uns nicht die entsprechende Wirkung entfalten, weil es große Teile der Bevölkerung nicht interessiert hat. Die SPD hat versucht, das zum großen

Thema zu machen. Es hat ihr auch nichts genutzt. Dennoch war es richtig, klare Kante zu zeigen.

Der Sozialdemokrat Thomas Oppermann war in den Medien deutlich präsenter als die liberale Justizministerin.
Trotzdem hat die SPD ein sehr schlechtes Ergebnis eingefahren. Offensichtlich war es auch für die SPD nicht der große Hit. In dieser Frage ist niemand glaubwürdiger als Frau Leutheusser-Schnarrenberger, weil sie im Gegensatz zu allen anderen für ihre Überzeugung einmal ihr Regierungsamt niedergelegt hat. Sie ist 1996 als Justizministerin zurückgetreten, nachdem sich die Mehrheit der FDP-Mitglieder in einem Mitgliederentscheid für den großen Lauschangriff ausgesprochen hatte. Übrigens: In der Großen Koalition ist Herr Oppermann bei diesem Thema geradezu verstummt.

Die FDP zog mit fünf Bundesministern in den Wahlkampf, mit so vielen wie noch nie. Sie waren alle keine strahlenden Helden. Westerwelle war nach seinem ruhmlosen Ende als Vorsitzender angeschlagen, stand als Außenminister im Schatten der Kanzlerin.
Er hatte einen schwachen Start, später dann starke Phasen wie etwa während des arabischen Frühlings. Am Ende seiner Amtszeit schnitt er in den Umfragen unter den FDP-Ministern am besten ab. Man muss aber auch sehen, dass der Außenminister heute einen deutlich geringeren Spielraum hat als frühere deutsche Außenminister.

Philipp Rösler galt schlichtweg als überfordert, als Gesundheitsminister wie als Wirtschaftsminister und auch als Parteichef.
Das Gesundheitsministerium ist ein äußerst schwieriges Amt. Da wird fast jeder zwischen den verschiedenen Interessengruppen und einer Bevölkerung, die Gesundheit am liebs-

ten zum Nulltarif hätte, zerrieben. Als Wirtschaftsminister hat er sich schnell und gut in die neue Aufgabe hineingefunden. Als Fraktionsvorsitzender habe ich immer versucht, dem Parteivorsitzenden den Rücken freizuhalten.

Aber ein klares ordnungspolitisches Profil hat er nicht entwickelt.

Ich muss ihn hier ausdrücklich in Schutz nehmen. Er konnte nicht mit einem Federstrich die zu schnell geführten Koalitionsverhandlungen korrigieren und die zum Teil nicht umgesetzten Erwartungen kompensieren. Er hat völlig zu Recht dem Investor Berggruen Staatshilfe für Karstadt verweigert. Er blieb auch bei Quelle in Bezug auf Subventionen standhaft, ebenso bei Schlecker. Ich hätte das alles nicht anders entschieden. Aber jeder hat seine Art, seine Entscheidungen zu vermitteln. Das glückt nicht immer.

Sie meinen seine Formulierung, für die arbeitslos gewordenen Schlecker-Frauen müsse eine „Anschlussverwendung" gefunden werden?

Ja. Das hat der FDP geschadet.

Er hat nach seiner Wahl zum FDP-Vorsitzenden in Rostock sehr vollmundig gesagt: „Ab jetzt wird geliefert."

Hat er gesagt. Aber in einer Koalition, die schon arbeitet, und gegenüber einer Kanzlerin, die schon gewählt ist, hatte er nur einen begrenzten Spielraum. Wir haben uns innerhalb der Regierung nicht die Luft verschaffen können, um dem Anspruch, den er formuliert hat, voll zu entsprechen.

Hätte ein FDP-Wirtschaftsminister nicht sagen müssen, eine Energiewende lässt sich auch marktwirtschaftlich organisieren? Ich sage euch, wie es geht: erstens, zweitens, drittens …

Für die erneuerbaren Energien war damals der Umweltminister zuständig. Wir haben immer wieder darauf hingewiesen, dass Energiepolitik konsistent sein muss. Die zu großzügige Förderung, die „Überförderung" der erneuerbaren Energien, hat sich als falsch erwiesen, die Planwirtschaft des Erneuerbare-Energien-Gesetz (EEG) ebenso. Auch war es extrem schwer, in der Energiepolitik die Länder unter einen Hut zu bringen. Das erlebt Schwarz-Rot schon jetzt sehr konkret und sehr hart.

Das EEG stammte noch von Rot-Grün.
Ja, wir hätten mehr ändern müssen. Ich habe mit Umweltminister Norbert Röttgen lange Auseinandersetzungen darüber gehabt. Die Energiepolitik hätte in eine Hand gehört, das hätten wir in den Koalitionsverhandlungen durchsetzen müssen. Es war eine äußerst unglückliche Lösung. Gegen die Stimmung, lieber Sonne und Wind als die schmutzige Kohle, lieber Sonne und Wind als das mit geringeren Emissionen versehene Gas oder die mit Emotionen befrachtete Kernenergie – gegen eine solche Stimmung kommt man nur schwer an. In so einer Situation ist der Umweltminister der blaue Engel und der Wirtschaftsminister der Kleinkrämer, der zu Recht darauf hinweist, dass das alles auch bezahlbar sein muss.

Entwicklungshilfeminister Dirk Niebel hat in erster Linie als Störenfried innerhalb der eigenen Partei für Schlagzeilen gesorgt.
Das war erst in der Endphase unserer Regierungszeit. Seine Einlassungen auf dem Dreikönigstreffen im Januar 2013 waren für die Partei nicht hilfreich. In einem Ressort, das von seiner Vorgängerin Heidemarie Wiezcorek-Zeul sehr stark und sehr einseitig politisiert worden war, hat er den größten Reformprozess aller Zeiten eingeleitet und vollendet. Diesen Job hat er sehr gut gemacht. Entwicklungshilfe ist im Grunde ein Thema, das die breite Masse nicht interessiert. Und die sich dafür

interessieren, warfen ihm vor, dass er Entwicklungshilfe auch unter dem Aspekt betrieben habe: Landen die Aufträge, die wir finanzieren, bei deutschen Unternehmen? Oder geben wir nur das Geld, und Franzosen, Engländer oder Amerikaner übernehmen die Aufträge? Ich habe mit Dirk Niebel gut zusammen gearbeitet, etwa bei Rohstoffpartnerschaften mit der Mongolei oder Südafrika. Der deutsche Steuerzahler erwartet zu Recht, dass wir den Ländern helfen, sich zu entwickeln, dass sie nicht auf Dauer sozusagen Sozialhilfeempfänger der reichen Länder bleiben. Dabei ist es richtig, unsere Firmen zumindest als Anbieter dabei zu haben. Es darf nicht chic sein, von Deutschland das Geld zu nehmen und die Güter woanders zu kaufen.

Gesundheitsminister Daniel Bahr hat sicherlich keine weitere Verstaatlichung des Gesundheitswesens zugelassen. Aber der große Wurf ist ihm wohl nicht gelungen.

Mit dem „Pflege-Bahr" hat er einen Akzent gesetzt ähnlich wie Riester bei der Altersvorsorge, also ein neues Instrument auf den Weg gebracht. Die Nachfrage ist sehr groß, auch wenn man über die Höhe des staatlichen Zuschusses bei dieser privaten Vorsorge für den Pflegefall diskutieren kann. Er hat verkrustete Strukturen aufgebrochen. Auch die Praxisgebühr wurde in seiner Zeit – auf Drängen der Bundestagsfraktion – abgeschafft. Er ist ja auch von der Gesundheitsökonomie geprägt und ist an seine Aufgabe durchaus pragmatisch herangegangen. Ich fürchte, dass das Gesundheitssystem unter Schwarz-Rot wieder stärker verkrustet.

An eine Blaupause aus dem Hause Bahr für ein marktwirtschaftliches und soziales Gesundheitssystem kann ich mich nicht erinnern.

Eine umfassende Systemreform war mit dem Koalitionspartner nicht zu machen. Mit dem freiheitlichen Gedanken der Eigenverantwortung, wonach sich jeder – wie bei der Haftpflicht für das Auto – versichern muss, der Staat ihm aber nicht vorschreibt, wo, standen wir in der Koalition mit CDU/CSU allein.

Die Kanzlerin hat in der Großen Koalition von 2005 bis 2009 immer klar gemacht, wo sie auf ihren Koalitionspartner Rücksicht nehmen muss. Zum Beispiel beim Thema Kernenergie hat sie der Wirtschaft immer gesagt, als Kanzlerin halte ich am rot-grünen Ausstieg aus der Kernkraft fest, als CDU-Vorsitzende bin ich für die Verlängerung der Laufzeiten. Diese Doppelstrategie ist den FDP-Ministern nicht so recht geglückt.

Angela Merkel ist in der großen Koalition immer zweispurig gefahren – in der Koalitionsspur und in der Parteispur. Wenn die FDP das gemacht hat – und sie hat es gemacht –, wurde sie immer sehr schnell von dem großen Partner und seinen Hilfstruppen bei den Meinungsmachern als Stänkerer, der nicht den Koalitionsvertrag einhält, diffamiert. Deshalb hatten wir schlechte Karten, wenn es um die Vermittlung der eigenen Position ging.

Das Wahlergebnis hat gezeigt, die Menschen wollten keinen rot-grünen oder rot-rot-grünen Umverteilungsstaat und keine Verbotsrepublik. Aber gleichzeitig hat auch die Strahlkraft von „mehr Markt, weniger Staat" eingebüßt. Hatte die FDP das falsche Angebot?

Ihre Frage rührt an ein Kernproblem der Liberalen, nicht nur in Deutschland. Viele Menschen sind durch die Globalisierung verunsichert. Die nationale Politik kann viele Probleme gar nicht mehr allein lösen. Neue Machtfragen sind entstanden, die asiatischen Länder drängen auf die Weltmärkte, werden auch politisch zu wichtigen Faktoren. Über NSA und das ungeahnte Ausmaß der abgeschöpften Datenmengen haben wir gesprochen. Das alles verunsichert Menschen. In schwierigen Zeiten sucht man vermeintlich einfache Lösungen. Da haben liberale Kräfte mit ihrer differenzierten Betrachtungsweise es besonders schwer.

Also der Zeitgeist und der Koalitionspartner haben die FDP unter die 5-Prozent-Hürde gedrückt?

So einfach mache ich es mir nicht. Unser Wählerauftrag von 2009 war eigentlich ein Stück gesellschaftliche Erneuerung im bürgerlichen Sinne. Statt uns mit Elan daranzumachen, haben wir uns mit Trippelschritten begnügt. Das ging aus der Sicht der Öffentlichkeit zu Lasten der FDP, aber der Koalitionspartner hat genau so Verantwortung wie wir. Doch ich beschwere mich nicht über den Partner. Wir hätten in der Koalition härter und energischer agieren müssen. Was wir in der Regierung gemacht haben, ging nicht unter die Haut. Teile der Wähler fanden uns eben als zu leicht.

5. Stolperer im Wahlkampf:
Die FDP geht am Stock

„Freitagabend, gut eine Woche vor seinem 68. Geburtstag am 22. Juni, stürzte der FDP-Spitzenkandidat schwer. Er hatte sich mit Freunden das pfälzische Mundart-Theaterstück ‚Der fröhliche Weinberg' von Carl Zuckmayer angesehen.

Nach der Aufführung des Lustspiels im Freilichttheater nahe dem Rhein ging es zum Abendessen, wo später auf der Treppe eines Restaurants der folgenreiche Sturz passierte.

Beim Verlassen des Lokals sei Brüderle angesprochen worden. Dabei habe er eine Stufe übersehen und sei aus dem Tritt geraten. Der FDP-Politiker wurde sofort in die Mainzer Uniklinik gebracht und operiert. Er zog sich Brüche an Arm und Bein zu und muss mehrere Tage im Krankenhaus bleiben.“

(o. V.: Brüderle erklärt seinen Sturz. 16.06.2013. Abrufbar im Internet. URL: http://www.bild.de/politik/inland/rainer-brue-derle/fdp-politikerbruderle-knochenbrueche-30863086.bild. html. Stand: 17.02.2014)

Freitag, der 14. Juni, war für Sie zweifellos ein schwarzer Freitag. Sie sind schwer gestürzt. Die Medien verbreiteten am Samstag zunächst, Sie hätten sich die Verletzungen bei einem Wahlkampfauftritt zugezogen. Dann stellte sich he-

raus, Sie waren mit Freunden in Nackenheim am Rhein. Was ist da genau passiert?

Seit vielen Jahren lade ich politische Partner, interessante Persönlichkeiten und Freunde nach Nackenheim ein, um die Aufführung des „Fröhlichen Weinbergs" durch Laienschauspieler von der örtlichen Zuckmayer-Gesellschaft anzuschauen. Ich finde das rheinhessische Stück gerade als Freilichtaufführung besonders eindrucksvoll. Ich bin ohnehin ein Fan von Carl Zuckmayer, weil er in seinen Werken wie kein anderer die Mentalität der Menschen hier in Rheinhessen trifft. Wenn ich andere dazu einlade, dann auch mit der Absicht, dass sie unsere Region besser verstehen lernen. Ich schätze, dass ich mindestens schon zwanzigmal mit Gästen bei dieser Freilichtaufführung war. Das ist eine ganz lockere Sache. Und zum Abschluss gibt es Käse und ein Glas Wein in einem Restaurant.

So hatten Sie es auch am 14. Juni gemacht?

Wie in jedem Jahr. Wir hatten unseren „Absacker" getrunken, ich hatte am Tresen bezahlt und ging vom Tresen über eine kleine Treppe ins Lokal hinunter, unterhielt mich dabei mit anderen Gästen, die mich ansprachen. Dabei habe ich wohl die letzte Stufe nicht gesehen beziehungsweise übersehen und kam ins Straucheln. Instinktiv versuchte ich noch, mich mit der linken Hand an einer Gardine fest zu halten. Das war aber nur eine Art Dekoration und bot keinen richtigen Halt. So bin ich dann mit viel Schwung samt Gardine auf einen massiven Steinfußboden gestürzt. Dabei habe ich mir den Oberschenkel mehrfach gebrochen und zudem die linke Hand, mit der ich den Sturz aufzufangen versuchte, direkt am Handgelenk.

Was geht einem da durch den Kopf?

Ich glaube, ich werde mein Leben lang das Geräusch nicht vergessen, als der Sturz passierte – das Geräusch brechender

Knochen, als ob ein Brett auseinander bricht. Das kriegt man wahrscheinlich nie mehr aus dem Ohr heraus.

Das war sicher auch sehr schmerzhaft.
Ich hatte sofort massive, böse Schmerzen. Auch der Transport von Nackenheim in das Katholische Klinikum Mainz war sehr schmerzhaft. Die Sanitäter haben mich im Krankenwagen in eine Art Schlauchboot gelegt. Bei Knochenbrüchen besteht ja die Gefahr, dass die Knochen sich beim Transport verschieben, was das Ganze noch verschlimmert.

War Ihnen da schon klar: Das ist eine schwere Verletzung?
Ich ahnte gleich, dass das keine einfache Geschichte wird. Ganz klar wurde mir das, als ich in der Klinik lag. Schon die Röntgenaufnahme war extrem schmerzhaft, weil selbst die kleinste Bewegung höllisch wehtat. Als ich das Röntgenbild sah, war ich schockiert, weil die Knochen in meinem linken Bein verschoben waren, bis in das Becken hinein. Die Ärzte entschieden dann, dass ich am nächsten Morgen, am Samstag, operiert werden sollte.

Da war vorerst Schluss mit dem Wahlkampf.
In der Tat. Für den nächsten Tag waren verschiedene Auftritte geplant gewesen. Ich telefonierte noch in der Nacht mit einigen Mitarbeitern, wer mich bei welchem Termin vertreten könnte. Am Samstag um 8 Uhr wurde ich dann von drei Ärzten operiert. Als ich nach vier Stunden Vollnarkose aufwachte, hatte Professor Wagner, der Chefarzt der Unfallchirurgie, keine erfreuliche Diagnose für mich: dreifacher Bruch im linken Oberschenkel, Brüche in der linken Hand. Da wurde mir klar, wie schwer die Verletzungen waren.

War da der Rückzug von der Spitzenkandidatur ein Thema?
Eigentlich habe ich keinen Moment lang daran gedacht, auf-

zugeben. Ich besprach mit meiner Frau, wie wir mit dem Unfall umgehen sollten. Ich wollte unbedingt einen Weg finden, schnell wieder auf die Beine zu kommen.

Riet Ihre Frau zum Rückzug?
Nach fast vierzig Jahren weiß sie, was für ein harter Knochen ich bin. Sie hat es also erst gar nicht versucht.

Gab es solche Ratschläge aus der Partei?
Mir hat niemand einen Rücktritt vorgeschlagen oder gar darauf gedrängt, weder direkt noch indirekt. Einer der ersten Besucher im Krankenhaus war Philipp Rösler. Weder er noch ich sprachen über die Möglichkeit, die Spitzenkandidatur niederzulegen. Das hätte die Situation der Partei eher verschlechtert als verbessert.

In der Öffentlichkeit löste Ihr Sturz viel Häme aus, insbesondere im Internet. Für schlichte Gemüter war die Lage ganz klar: Nach dem „Fröhlicher Weinberg" hat sich ein betrunkener Brüderle das Bein gebrochen? War bei Ihrem Sturz Alkohol im Spiel?
Nein. Ich hatte im Verlauf dieses Abends kaum Wein getrunken. Ich habe mich deshalb über diese unfairen und eindeutig falschen Zeitungsberichte geärgert. Der Chefarzt der Klinik, Professor Wagner, hat mir in diesem Zusammenhang gesagt, bei Verletzungen nach Stürzen würde bei Patienten in seiner Klinik routinemäßig der Alkoholgehalt des Blutes ermittelt. Mein Ergebnis: 0,0 Promille. Weil ich fast nichts getrunken hatte, war auch kein Alkohol im Blut festzustellen.

Die ersten Verlautbarungen klangen sehr optimistisch in dem Sinne, Sie würden nach zwei Wochen wieder in Berlin sein. Da war doch viel Wunschdenken dabei?
Ich hatte schon gehofft, nach zwei Wochen wieder Termine

wahrnehmen zu können. Aber das ging dann doch nicht. Die 12 Tage im Krankenhaus waren alles andere als einfach. Ich hatte große Schmerzen, konnte deshalb kaum schlafen. Immerhin konnte ich nach 12 Tagen die Klinik verlassen und mit Reha-Maßnahmen beginnen. Bei meinen Gehversuchen brauchte ich zwei verschiedene Krücken, weil ich mit der gebrochenen linken Hand mich nicht auf eine „normale" Krücke stützen konnte. Ich hatte keine Ahnung, wie schwierig es ist, mit zwei verschiedenen Krücken zu gehen – links eine hohe, die unter die Achsel geklemmt wird, eine so genannte amerikanische T-Krücke, und rechts eine kürzere Unterarmgehstütze, wie das im Mediziner-Deutsch heißt. Gehen Sie damit mal eine Treppe rauf.

Da gilt der Satz, was schiefgehen kann, geht auch schief …
(Lacht.) So kann man das sagen. Ich gab allerdings vom ersten Tag an im Krankenhaus Interviews für Zeitungen und auch für den Hörfunk. Mehr ging einfach nicht, weil ich auf keinen Fall im Rollstuhl oder mit Rollator auftreten wollte. ARD und ZDF verhielten sich bei den Sommerinterviews sehr fair. Die Zuschauer sahen mich nie im Rollstuhl oder mit Krücken.

Ihr erster öffentlicher Auftritt nach dem Sturz war das Sommerinterview in der ARD. Sie wirkten sehr geschwächt, vor allem ihre Stimme hörte sich irgendwie kraftlos an.
Ich weiß. Fast vier Stunden Vollnarkose hatten eben ihre Nebenwirkungen wegen der eingesetzten Beatmungsgeräte. Mir wurde erklärt, diese „Heiserkeit" gehe wieder weg, das brauche aber seine Zeit. In der Klinik haben mir auch HNO-Ärzte bestätigt, dass an den Stimmbändern nichts beschädigt war. Dennoch hörte ich mich anders an als vor der Operation. Auch wenn ich mir alle Mühe gegeben habe, das zu überspielen.

Hat das Ihnen und der Partei nicht geschadet?
Ich glaube nicht. Nach dem ARD-Interview bekam ich viele

Zuschriften, dass man sich freue, mich wieder im Einsatz zu sehen. Viele Menschen, die mir schrieben, äußerten auch Verständnis, nach einem solchen Unfall nicht sofort wieder zu hundert Prozent fit zu sein. Mitdenkende Menschen wissen, dass Politiker auch Menschen sind.

Nach Brüchen spielt die Rehabilitation eine wichtige Rolle. Ganz wichtig ist dabei, dass die entsprechenden Übungen regelmäßig gemacht werden. Dafür haben Sie sich wegen des Wahlkampfs kaum Zeit genommen. Haben Sie da nicht riskiert, möglicher Weise dauerhafte Schäden davonzutragen?

Das Risiko war mir klar. Ich bin es eingegangen, weil ich meine Partei und meine Aufgabe nicht vernachlässigen wollte. Ich hatte bis zum Wahltag etwa 200 Termine wahrzunehmen, nicht alles Redenauftritte, sondern auch Interviews oder Gespräche mit Zielgruppen.

Hat Ihre Frau nie gesagt, Rainer sei vernünftig, denke an deine Gesundheit?

(Lacht.) Sie kennt mich. Sie hat mit mir gelitten, wenn ich Schmerzen gehabt habe. Sie wusste aber auch, ich würde mein vielleicht nicht ganz vernünftiges Verhalten nicht ändern. Dennoch hat sie mich nach Kräften unterstützt. Sie war voll auf meiner Seite, wie immer.

Selbst ohne Fotos und Fernsehaufnahmen von einem an Krücken gehenden Spitzenkandidaten fehlte in den meisten Berichten über Sie nicht der Hinweis: Brüderle geht an Krücken und symbolisiert so den Zustand seiner Partei.

Das hielt sich in Grenzen. Ich habe bei den öffentlichen Auftritten in der Regel keine Gehhilfen benutzt. Das war für mich beschwerlich und schmerzhaft.

Und wenn Sie in einen Saal gegangen oder eingezogen sind?
Meine Mitarbeiter haben immer den kürzesten Weg ausgesucht. Ich bin halt langsam gegangen und habe oft die Zähne zusammengebissen.

Es gab in der heißen Phase des Wahlkampfs einen FDP-Parteikonvent in Mainz. Die Botschaft sollte lauten, die FDP steht nur für Schwarz-Gelb bereit und auf keinen Fall für eine „Ampel". Doch die Nachrichten dominierte etwas anderes: Ihren Sturz beim Gang auf die Bühne. Angeblich war die Treppe – entgegen den Vorgaben Ihres Büros – zu steil. War das Schlamperei?
Es stimmt, die Treppe war nicht montiert wie abgesprochen. Da mein linker Arm durch den Bruch geschwächt war, brauchte ich das Geländer auf der rechten Seite, es war aber links. Zudem war die letzte Stufe nur eine halbe. Und oben lagen dicke Fernsehkabel, über die ich gestolpert bin und deshalb hinfiel. Philipp Rösler kam schnell auf die Bühne hoch und half mir auf, weil ich das nicht allein schaffte. Ich ging dann ans Rednerpult. Mir war nicht klar, ob etwas Schlimmes passiert war. Aber ich wusste, du musst reden. Das habe ich auch geschafft. Dennoch war das politisch eine missliche Situation: Mein Auftritt, der zehn Tage vor der Wahl als ein Höhepunkt des Wahlkampfs geplant war, begann mit einem Sturz. Aber das Publikum reagierte mit viel Verständnis.

An diesem Sturz konnten die Medien nicht vorbeigehen.
Immerhin haben die großen Fernsehanstalten ARD und ZDF die Bilder vom Sturz nicht gesendet. RTL und n-tv brachten es dagegen. Es ist halt passiert – schön war es nicht.

Alles in allem: Haben Sie im Zusammenhang mit dem Sturz vom Juni und ihren Brüchen irgendetwas falsch gemacht?
Es gab keinen anderen Weg. Ich hatte das Glück, gute Ärzte,

gutes Pflegepersonal und gute Physiotherapeuten zu haben. Sie taten, was möglich war. Natürlich gab es Grenzen, aber ich wollte das durchstehen. Das ist mir auch gelungen. Ich muss aber zugeben, am Wahltag waren die letzten Reserven weg. Ich weiß nicht, ob ich noch eine Woche Wahlkampf durchgehalten hätte.

6. Wahlkampf-Endspurt:
Du hast keine Chance, nutze sie

„Ich bin vor 19 Jahren in die FDP eingetreten. Es waren schwierige Zeiten. Eine Landtagswahl nach der anderen ging verloren und den Tiefpunkt hatten wir erreicht 1994 bei der Bundestagswahl. Unser Slogan war: "Wer Kohl will, muss die FDP wählen." Liebe Freunde, es war für mich enttäuschend, dass an dieser Stelle nur noch das Funktionsargument stand und nicht mehr unser liberales Programm. Ich habe mir damals mit vielen anderen Parteifreundinnen und Parteifreunden eines geschworen: Solch eine Situation darf sich für die Freien Demokraten in Deutschland nicht noch einmal wiederholen."

(Philipp Rösler am 14. Mai 2011 in Rostock vor seiner Wahl zum Bundesvorsitzenden der FDP)

„Schöne Unterstützung im Wahlkampf für Schwarz-Gelb – FDP-Spitzenkandidat Rainer Brüderle und Parteivorsitzender Philipp Rösler gestern Nachmittag bei Altkanzler Helmut Kohl in Ludwigshafen. (…) Helmut Kohl begrüßte den FDP-Spitzenkandidaten Brüderle mit den Worten: ‚Schön, dass es Ihnen wieder so gut geht. Ihre Auftritte im Wahlkampf gefallen mir sehr. Dies gerade auch deshalb, weil Sie immer wieder auch von den Werten reden, die unsere bürgerliche Politik immer ausgemacht haben und heute noch ausmachen.'"

(BILD vom 9. September 2013)

Sprechen wir über die letzten Tage vor der Bundestagswahl 2013. Am 15. September waren Landtagswahlen in Bayern. Nach den Umfragen mussten Sie befürchten, dass es in Bayern eher negativ ausgeht. Mit was hatten Sie gerechnet?

In Bayern hatten wir eine Koalition mit zwei FDP-Ministern und sehr erfolgreich regiert. Das Land stand glänzend da. Meine Hoffnung war, dass wir über fünf Prozent kommen. Aber sicher war es nicht. Meine Erwartungen bewegten sich zwischen 4,8 und 5,5, vielleicht sechs Prozent. Aber dass wir nur 3,3 Prozent bekommen, das hatte ich mir nicht vorstellen können. Im Wahlkampf hatten wir viel Zuspruch. In vielen Gesprächen glaubte ich zu spüren, die Menschen wollten weiterhin eine starke CSU, aber keine absolute Mehrheit. Da hatte ich mich getäuscht.

War die FDP gegenüber der CSU vielleicht zu handzahm? Nehmen wir zum Beispiel die Studiengebühren. Die FDP hatte gute Argumente dafür. Aber als Seehofer von den eigentlich beschlossenen Studiengebühren wieder abrückte, weil er ein Volksbegehren fürchtete, knickte die FDP ein.

Wir wussten damals nicht, ob Seehofer wegen dieser Frage wirklich die Koalition platzen lässt oder nicht. Ich konnte das nicht einschätzen, ich war zu weit weg. Aber durch den gefundenen Kompromiss, wonach die Hochschulen auch ohne Studiengebühren mehr Geld bekamen, ist ein Stück liberales Profil verloren gegangen. Es ist immer dieselbe Gratwanderung: Streit in einer Koalition geht in der Regel zu Lasten des kleineren Partners. In Deutschland schätzt man den Ministerpräsidenten oder die Kanzlerin immer mehr als einen einfachen Minister. Da lassen sich viele vom „Hermelin" des höchsten Amtsträgers blenden. Vielleicht hätte die FDP hart bleiben sollen. Aber das lässt sich im Nachhinein leicht sagen.

Hatten die Bundespartei und Sie als Spitzenkandidat einen „Plan B" für den Fall, dass es in München schief geht?

Es war geplant, dass wir dann in den letzten 6 Tagen verstärkt auf Zweitstimmen setzen. Ich kann mich an keinen Wahlkampf erinnern, in dem wir das nicht gemacht hätten.

Die 3,3 Prozent von Bayern hätten ja auch ein Weckruf sein können.

3,3 – das war ein Schlag in die Magengrube. Wenn es 4,8 Prozent gewesen wären, hätte ich den Effekt erwartet, dass es bei der Bundestagswahl zum Sprung nach oben kommt. 3,3 Prozent war aber so schlecht, dass es zusätzlicher Argumente für die FDP im Bund bedurfte.

Wie war die Stimmung am Abend der Bayernwahl in der FDP-Spitze?

Sehr bedrückt.

Gab es Meinungsverschiedenheiten über die Strategie?

Die Auffassung war, wir müssen auf die Zweitstimmenkampagne setzen, weil man in den letzten Tagen kein neues Thema setzen kann. Wir gingen alle davon aus, dass wir im Bund bessere Chancen hätten als in Bayern, zumal alle Meinungsforschungsinstitute die FDP bei oder über fünf Prozent sahen. Das war auch die Meinung am nächsten Tag im Präsidium.

Ohne Widerspruch?

Bis auf Wolfgang Kubicki sahen das wohl alle so.

Auch Christian Lindner und Holger Zastrow haben nach der Niederlage am 22. September ganz offen die Zweitstimmenkampagne kritisiert.

Die Plakate und die Formulierungen waren im Präsidium besprochen und beschlossen worden. Den Satz „Es geht ums Ganze" hatte übrigens Hans-Dietrich Genscher schon verwendet.

Gab es irgendwelche Vorschläge für eine andere Last-Minute-Strategie?

Ich kann mich nicht daran erinnern, dass jemand konkrete Vorschläge für einen anderen Kurs gemacht hätte. Man muss auch sehen, dass keine Partei in den letzten Tagen noch Möglichkeiten hat, die Kampagne grundlegend zu verändern. Und Geld für mehr Werbung hatten wir auch nicht.

Die Plakate „Es geht ums Ganze" waren schon gedruckt?

Es war schon lange vorher im Präsidium festgelegt, im Wahlkampfendspurt auf die Zweitstimme zu setzen. Das war schließlich auch bei vorherigen Bundestagswahlen so. Philipp Rösler sagte am Montag nach der Bayernwahl, wir müssen diese Karte ziehen, wir haben keine andere mehr. Das war auch so im Präsidium besprochen.

Am Montag nach der Bayernwahl haben Sie dann die Formulierung benutzt „Wer Merkel will, wählt FDP".

Ich habe es anders formuliert: „Wer Merkel haben will, kann auch FDP wählen." Wir hatten ausdrücklich festgelegt, das Bündnis mit der Union fortzusetzen. Wir hatten die Möglichkeit einer „Ampel" bewusst „zugenagelt". Ich sagte bei jedem Auftritt: „Bei uns wird nicht geampelt und gehampelt." Keiner musste befürchten, wenn ich FDP wähle, dann machen sie die „Sozen" zur Kanzlerpartei. Das war ausdrücklich ausgeschlossen. Trotzdem haben zu viele Bürgerliche uns nicht gewählt. Dafür haben sie als Quittung jetzt die Große Koalition mit einer totalen Sozialdemokratisierung der deutschen Politik.

Denken Sie an den Parteitag 2011 in Rostock. In seiner Bewerbungsrede erinnerte Rösler an den Slogan von 1994: „Wer Kohl will, muss FDP wählen." Und er sagte weiter, er habe sich damals geschworen, „solch eine Situation darf sich für die Freidemokraten in Deutschland nicht noch einmal wiederholen."

Immerhin kamen wir 1994 mit Klaus Kinkel in den Bundestag.

Im Wahlkampf 1980 hatte die FDP sogar plakatiert: „Damit Helmut Schmidt Kanzler bleibt – FDP."
Das war auch logisch. Die SPD konnte nur mit uns gemeinsam die begonnene Politik fortsetzen, nicht zuletzt die umstrittene, aber dringend notwendige neue Ostpolitik.

Ich kann mich seit 1980 an keine Bundestagswahl erinnern, in die die FDP nicht mit einer klaren Koalitionsaussage und einer entsprechenden Zweitstimmenkampagne gezogen wäre. War die FDP nicht immer die klassische Funktionspartei?
In gewisser Weise, ja. Denn die FDP braucht zum Regieren immer einen Koalitionspartner, und zwar einen größeren.

Dennoch haben Sie auf dem Sonderparteitag der FDP im Dezember 2013 unter dem Stichwort „Fehleranalyse" mehrere Punkte genannt an zweiter Stelle, „die Zuspitzung der Zweitstimmenkampagne in der letzten Woche."
Ich bleibe dabei: Die Zweitstimmen-Kampagne war richtig. Wir hatten eine glasklare Koalitionsaussage für Schwarz-Gelb getroffen und alles andere kategorisch ausgeschlossen. Die Zuspitzung, wer Merkel als Kanzlerin wolle, könne auch FDP wählen, war freilich ein Tick zu viel. Sie bot den Medien die Möglichkeit, meine Aussage mit der Kohl-Kampagne von 1994 gleichzusetzen. Den Schuh muss ich mir anziehen.

Die Kommentarlage nach dem Start der Zweitstimmenkampagne war eindeutig: Rösler hat der Partei versprochen, ich führe euch heraus aus dieser reinen Funktionsrolle, wir werden eine Kraft werden, die um ihrer selbst willen gewählt wird. Aber geliefert hat er nicht.
Das ist in der Tat nicht gelungen. Das personelle Revirement

von Rostock hat nicht viel gebracht. Die jüngeren Politiker um Rösler – manchmal abfällig „Boy Group" genannt – wollten ja einen neuen Kurs einschlagen. Aber wir sind nach Rostock in den Umfragen nicht besser geworden. Die Erwartungen, die mit der personellen Neuaufstellung verbunden waren, haben sich nicht erfüllt. Es gab keinen neuen Kurs, nur einen neuen Mann an der Spitze des Bundeswirtschaftsministeriums.

Unter der Überschrift „Alt-Kanzler Helmut Kohl stellt sich gegen die FDP" berichtet FOCUS-Online am 17. September: „Alt-Bundeskanzler Helmut Kohl unterstützt Angela Merkel im Wahlkampf: „Machen auch Sie am 22. September beide Kreuze auf dem Stimmzettel bei der CDU", fordert der 83-Jährige in einem Video der Hamburger CDU. Damit stellt sich der frühere Parteivorsitzende hinter die Linie der Union, die Zweitstimme sei die Merkel-Stimme. Und klar gegen die FDP, mit der Kohl von 1982 bis 1998 regierte. Seitdem die FDP als Folge ihres schlechten Abschneidens bei der Bayern-Wahl mit einer Zweitstimmen-Kampagne in die Offensive kommen will, verstärkt die Union die Botschaft, sie habe keine Stimme zu verschenken."

(Fietz, Martina: Alt-Kanzler Helmut Kohl stellt sich gegen die FDP. 17.09.2013. URL: http://www.focus.de/politik/deutschland/bundestagswahl-2013/bundestagswahl-2013-streit-um-kampagne-fuer-zweitstimmen-alt-kanzler-kohl-stellt-sich-gegen-die-fdp_aid_1103331.html. Stand 17.02.2014)

Zwanzig Tage vor der Wahl besuchten Sie und Philipp Rösler Altkanzler Helmut Kohl in Ludwigshafen. Es war in gewisser

Weise ein symbolischer Akt des Altkanzlers nach dem Motto „Vergesst mir die FDP nicht". Das löste auch eine entsprechend große Medienreaktion aus.

Die Äußerungen von Helmut Kohl waren ein Hinweis, dass ihm eine bürgerliche Regierung am Herzen liegt. Auch seine Erfahrung hier in Rheinland-Pfalz, wo er als Ministerpräsident einer CDU/FDP-Koalition gestartet ist, hat ihn geprägt. Ich empfand das als ein Geste Helmut Kohls für die Fortsetzung der bürgerlichen Koalition.

Hat der Altkanzler bei Ihrem Gespräch etwas zum Thema Zweitstimmen gesagt?

Nein. Aber erstens hat er uns kurz vor der Wahl empfangen. Und zudem hat er in einer zur Veröffentlichung bestimmten Erklärung mich dafür gelobt, dass ich die Werte hervorhebe, die – wie Kohl sagte – „unsere bürgerliche Politik immer ausgemacht haben und heute noch ausmachen". Das musste doch als Unterstützung der FDP verstanden werden.

Diesen Rückenwind konnten Sie nur ein paar Tage genießen. Plötzlich tauchte ein Video der Hamburger CDU auf. Darin empfiehlt derselbe Helmut Kohl „Machen Sie auch am 22. September beide Kreuze auf dem Stimmzettel bei der CDU." Damit hat er doch die Botschaft des Gesprächs mit Ihnen wieder konterkariert.

Es ist legitim, dass der Mann, der für die CDU steht wie kein zweiter, für seine Partei um beide Stimmen wirbt. Das war kein Gegensatz zu seinem Wunsch nach einer Fortsetzung einer bürgerlichen Koalition. Aber vielleicht hat unser Besuch bei Helmut Kohl in der CDU interne Diskussionen ausgelöst.

Hat etwa die Bundes-CDU das Hamburger Video als Antwort auf Ihren Besuch in Ludwigshafen initiiert?

Eine Berliner Rolle lässt sich nicht ausschließen. In dieser Intimsphäre der Union bin ich nicht drin. Ich habe hinterher mit niemandem darüber gesprochen.

Sie haben sich im Wahlkampf eindeutig auf Schwarz-Gelb festgelegt, haben jede andere Variante kategorisch ausgeschlossen. Angela Merkel und die CDU haben dagegen ihre potentiellen Wähler wissen lassen, sie sollten ja nicht die FDP wählen. Geht man so mit einem Koalitionspartner um?

Wir hätten uns gewünscht, dass sich die CDU deutlicher zur Fortsetzung der Koalition geäußert hätte. Das hätte uns vielleicht geholfen. In der Woche vor der Wahl hat die CDU-Vorsitzende jedoch Millionen Briefe verschickt mit der Aufforderung, die Zweitstimme auf alle Fälle der CDU zu geben. Da drängt sich doch der Eindruck auf, dass die CDU/CSU die große Koalition bewusst angepeilt hat.

„ICH NENNE DAS ZAHME WAHLPROGRAMM"

„Jetzt zum vergangen Wahlkampf. Jetzt zur Fehleranalyse. Es gab sicherlich äußere Einflüsse. Die haben eine Rolle gespielt. Etwa der in Teilen der Öffentlichkeit geschürte Hass gegen die FDP.

Aber: Wir haben selbst unseren Beitrag geleistet, dass die Vernichtung zumindest unserer parlamentarischen Existenz auch stattfinden konnte. Wir hatten kurzfristige Probleme. Ich nenne den Termin der Bayernwahl. Der hat uns im Nachhinein geschadet. Der Schwung war nach der Niederlage in Bayern plötzlich vollkommen weg.

Ich nenne die Zuspitzung der Zweitstimmenkampagne in der letzten Woche. Auch das war ein Fehler. Dazu stehe ich.

Ich nenne aber auch die Sonderwahlkämpfe in einzelnen großen Landesverbänden. Ich nenne die Durchstechereien, die Indiskretionen. Sie haben den Einzelnen nicht genutzt und dem Gesamtverein geschadet. Den Scherbenhaufen können wir jetzt besichtigen.

Ich nenne das zahme Wahlprogramm. All das, auch meine Fehler, haben zu dem miserablen Wahlergebnis beigetragen. Das waren die kurzfristigen Probleme, die politische Konjunkturlage vor der Wahl. Aber wir hatten vor allem langfristige Probleme. Die Struktur wurde viel früher kaputt gemacht. Der Grundstein für die Niederlage wurde viel früher gelegt. Eigentlich schon bei den Koalitionsverhandlungen. Die FDP wurde auf einmal wieder als Pöstchenpartei wahrgenommen. Etwa als wir uns entschlossen haben, das Entwicklungsministerium doch nicht ins Außenministerium zu integrieren.

Wir hatten im Koalitionsvertrag eine Steuerreform reingeschrieben. An dieser zentralen Stelle haben wir nicht geliefert. Das haben uns viele Wählerinnen und Wähler offensichtlich bis zuletzt nicht verziehen. Wir haben kommunikative Fehler gemacht. Ich nenne als Stichworte „Spätrömische Dekadenz", „Protokollaffäre", „Frosch" oder „Anschlussverwendung".

Auch der Personalwechsel nach anderthalb Jahren Regierungszeit hat nicht die erwünschte Ruhe in die Partei gebracht. Die Fehler im Regierungshandwerk wurden eher mehr als weniger. Schließlich: Der Mitgliederentscheid hat nicht versöhnt, sondern gespalten. Er hat vielmehr der AfD Auftrieb verschafft."

(Rainer Brüderle auf dem FDP-Bundesparteitag am 7. Dezember 2013 in Berlin)

7. Blick zurück mit Stolz: "Wir haben's gemacht"

Binnen einer Nacht sei da einer „zum standhaften Wirtschaftsminister geworden", zu einem „Mann mit Überzeugungen, der im entscheidenden Augenblick 'Nein!' sagt."
Hier wandle ein Wirtschaftsminister „im Schatten Ludwig Erhards". Gemünzt war das überschwängliche Lob („Süddeutschen Zeitung" vom 9. Juni 2009) auf den damaligen Bundeswirtschaftsminister Karl-Theodor zu Guttenberg (CSU). Dieser hatte im Frühjahr 2009 mit Rücktritt gedroht, falls die Regierung Merkel/Steinmeier staatliche Mittel zur Opel-Rettung einsetzen sollte.

Am 30. März 2009 gab die Bundesregierung bekannt, der Autozulieferer Magna habe zusammen mit der russischen Sberbank den Zuschlag für Opel erhalten. Der Staat gewähre einen Überbrückungskredit. Zu Guttenberg blieb dennoch im Amt. Am 3. November freilich wurde der Verkauf vom Opel-Eigner General Motors abgesagt.

Rainer Brüderle, seit dem 28. Oktober 2009 zu Guttenbergs Nachfolger im Amt des Wirtschaftsministers, nahm gegenüber einer weiteren Forderung nach deutschen Staatsgeldern für Opel ebenfalls eine ablehnende Haltung ein. Nicht nur das: Er handelte auch entsprechend. Am 9. Juni 2010 beschied er den Antrag von General Motors auf eine 1,1 Milliarden Euro schwere Bürgschaft für Opel negativ. Sofort intervenierte die Kanzlerin: „Das letzte Wort zur Zukunft von Opel ist noch nicht gesprochen". Und: „Ich glaube, es ist klar, dass in der Koalition über diese Fragen unterschied-

liche Meinungen herrschen. Das ist nicht erst seit gestern so". Brüderles Entscheidung, so Merkel, sei Ausdruck dieser Differenzen.

Bundeskanzlerin Angela Merkel wagte es allerdings nicht, den Wirtschaftsminister im Bundeskabinett zu überstimmen, um die Bürgschaft durchzusetzen. Am 16. Juni 2010 zog General Motors seinen Bürgschaftsantrag zurück.

Die vier Jahre Schwarz-Gelb unterteilen sich aus Ihrer Sicht sicher in zwei Hälften: zuerst Bundeswirtschaftsminister, dann zweieinhalb Jahre Fraktionsvorsitzender. Was bleibt von den knapp achtzehn Monaten des Wirtschaftsministers Brüderle?

Im Bewusstsein bleibt am ehesten die Opel-Entscheidung, mein Nein zu einer Bürgschaft für Opel.

Im Frühjahr 2010 wollte Opel von der Bundesregierung eine Staatsbürgschaft über 1,1 Milliarden Euro. Die Kanzlerin war dafür, es waren die Ministerpräsidenten der Länder mit Opel-Werken dafür – Kurt Beck, Roland Koch, Christine Lieberknecht und Jürgen Rüttgers. Wie haben Sie sich damals gegen diese Phalanx durchgesetzt?

Das war aus meiner Sicht eine wichtige ordnungspolitische Entscheidung. Wie hätte ich den deutschen Mittelständlern noch in die Augen schauen können, wenn wir einem Konzern wie General Motors mal einfach so eine Bürgschaft bewilligt hätten? Es gab eine Kommission unabhängiger Fachleute, die ebenfalls gegen eine Staatsbürgschaft für General Motors war. Das US-Unternehmen hatte damals flüssige Mittel in der Größenordnung von 16 Milliarden Dollar. Auch deshalb habe ich den Bürgschaftsantrag von Opel am 9. Juni abschlägig beschieden.

Sie haben Ihr Nein, anders als Ihr Vorgänger Karl-Theodor zu Guttenberg, aber öffentlich nicht groß verkauft.

Ich habe mich sehr bewusst zurückgehalten, obwohl ich mit Interview-Anfragen von allen Fernsehsender und zahllosen Zeitungen überhäuft wurde. Ich wollte das in dieser Frage sehr angespannte Verhältnis zur Union nicht weiter belasten. Deshalb beschränkte ich mich auf eine kurze Erklärung vor der Presse, über deren Inhalt ich die Bundeskanzlerin persönlich informiert hatte. Auch das Justiz- und das Finanzministerium waren informiert. Umso erstaunter war ich dann, als ich am Abend des 9. Juni 2010 die Bundeskanzlerin im Fernsehen sah, als sie sagte, das letzte Wort bei Opel sei noch nicht gesprochen. Ich fiel fast vom Stuhl. Am nächsten Morgen kam es zu einem Telefonat mit der Kanzlerin. Sie verwies auf die eigenen Fördermöglichkeiten der Länder und sagte, es gebe ein Gespräch mit den vier Ministerpräsidenten. Sie lud mich dazu ein und ich habe an dem Treffen teilgenommen. Ich habe den Ministerpräsidenten klar gesagt, wenn sie Opel mit Geld aus ihren Haushalten unterstützen wollten, könnten sie es ja tun. Es bleibe aber bei meinem Nein zu Bundesmitteln für den US-Konzern.

Die Saga geht ja so: Sie hätten über Guido Westerwelle der Kanzlerin ausrichten lassen, falls die Bundesregierung eine Bürgschaft gewähren sollte, träten sie zurück.

Nein. Ich habe weder gegenüber dem Vizekanzler noch gegenüber der Kanzlerin mit Rücktritt gedroht. Da unterscheide ich mich von Herrn zu Guttenberg, der mit Rücktritt gedroht hat und dann doch alles mitgemacht hat. Ich habe in den Gesprächen mit der Kanzlerin immer nur von der Sache her argumentiert. Ich kann aber das Geheimnis lüften. Ich hatte mit meiner Frau, die ich in allen wichtigen Entscheidungen einbeziehe, besprochen, was ich machen würde, falls meine Ablehnung des Bürgschaftsantrags vom Kabinett aufgehoben werden sollte: Dann hätte ich sofort um meine Entlassung aus dem

Ministeramt gebeten. Gedroht habe ich nie, weder gegenüber der Kanzlerin noch gegenüber Parteifreunden. Aber ich wäre gegangen.

Ihr Vorgänger zu Guttenberg war gegen eine Opel-Bürgschaft, trat aber nicht zurück, als sie beschlossen wurde, und wurde dennoch als neuer Ludwig Erhard gefeiert.
Er war ein Meister der Inszenierung. Man soll über Kollegen nicht viel sagen. Aber die Fähigkeit, das eigene Mitmachen als Akt des Widerstands zu verkaufen, finde ich faszinierend.

Sie waren angetreten als ordnungspolitisches Gewissen der Regierung. Im Fall Opel sind Sie dem Anspruch sicher gerecht geworden. War ansonsten die Amtszeit zu kurz?
Ordnungspolitisches Gewissen zu sein, das ist eine permanente Aufgabe. Das heißt, dass man alle Entscheidungen des Kabinetts unter ordnungspolitischen Gesichtspunkten analysiert. Das habe ich ständig getan. Die von mir noch auf den Weg gebrachte Kartellnovelle ist ja auch beschlossen worden, wenn auch ohne die von mir geplante Möglichkeit, marktbeherrschende Unternehmen notfalls zu entflechten.

Das stand doch auch im Koalitionsvertrag, oder?
Ja, das hatte ich in den Koalitionsverhandlungen durchgesetzt, anfangs gegen Herrn zu Guttenberg. Wissen Sie, das Kartellrecht war für mich immer die Magna Charta der Wirtschaftspolitik. Ich wollte es so reformieren, dass der Staat Unternehmen, die den Markt beherrschen, die es zu toll treiben, notfalls auch entflechten kann, sie zwingen kann, sich von bestimmten Aktivitäten zu trennen. Entflechtung ist keine Enteignung, sondern ein rechtsstaatliches Verfahren, gegebenenfalls mit Entschädigung. Ich wollte damit auch dem Mittelstand in Deutschland deutlich machen, wir meinen es ernst mit dem Wettbewerb. Wenn es hart auf hart kommt, haben wir noch

ein letztes Instrument, um uns gegen eine Monopolisierung in Teilen der Volkswirtschaft zu wehren. Ich habe das in meiner Amtszeit nicht durchgebracht, mein Nachfolger hat darauf verzichtet. Damit war es erledigt.

Sie waren auch Minister für Technologie.

Das war mir sehr wohl bewusst. Ich hatte den Ehrgeiz, ein Projekt zu realisieren, das in Deutschland mehr Faszination für Technologie auslöst. Mich stört, dass in vielen öffentlichen Debatten die Sozialwissenschaftler den Ton angeben und die Meinungen der Ingenieure oder Naturwissenschaftler zu kurz kommen. Das wollte ich ein Stück weit verändern. Zusammen mit Professor Johann-Dietrich Wörner, dem Vorstandsvorsitzenden des Deutschen Zentrums für Luft- und Raumfahrt, hatte ich den Plan, Deutschland in die Lage zu versetzen, mit selbst entwickelter Robotik auf dem Mond landen zu können. Das habe ich leider nur in Ansätzen auf den Weg bringen können. Mein Nachfolger hat das dann nicht weiterverfolgt.

„BRÜDERLE UND DIE BOSSE"

(…) „Zur gleichen Zeit tagt im Haus der deutschen Wirtschaft, gut zwei Kilometer vom Kanzleramt entfernt, ein anderer Führungszirkel: die Spitze der deutschen Industrie. Präsidium und Vorstand des Lobbyverbandes BDI sitzen im Saal Amerongen-Schleyer zusammen, knapp 40 Bosse der mächtigsten Unternehmen des Landes. Gegen 13 Uhr, die Nachricht von der Kernschmelze läuft gerade über die Ticker, tritt Bundeswirtschaftsminister Rainer Brüderle auf. Der FDP-Mann soll über Industriepolitik sprechen. Er hat noch nicht angefangen, da platzen neue Nachrichten herein. Die Kanzlerin, so heißt es, wolle die verlängerten Atomlaufzeiten per

Moratorium aussetzen. Die Runde wird unruhig. RWE-Chef Jürgen Großmann rennt zum Telefonieren raus, Eon-Chef Johannes Teyssen blickt finster. "Die wirkten wirklich überrascht", sagt ein Teilnehmer. Die Industrie verlangt Klarheit.

Was es denn mit den Meldungen von dem Moratorium auf sich habe, will BDI-Präsident Hans-Peter Keitel wissen. Ausweislich des Protokolls der Sitzung gibt Brüderle darauf eine folgenschwere Antwort: "Der Minister bestätigte dies", steht darin, "und wies erläuternd darauf hin, dass angesichts der bevorstehenden Landtagswahlen Druck auf der Politik laste und die Entscheidungen daher nicht immer rational seien." Im Übrigen sei er, Brüderle, ein Befürworter der Kernenergie, auch mit Rücksicht auf Branchen, die besonders viel Energie verbrauchen. "Es könne daher keinen Weg geben, der sie in ihrer Existenz gefährde", befindet Brüderle laut Protokoll."

(„Süddeutsche Zeitung" vom 24. März 2011)

Sie haben sich als Wirtschaftsminister für die Laufzeitverlängerung bei Kernkraftwerken eingesetzt. Das wurde im Dezember 2010 beschlossen, gegen Widerstände in der Öffentlichkeit. Dann folgte nach Fukushima im März 2011 der schnelle Ausstieg aus der Kernenergie. Hat da der Wirtschaftsminister Brüderle nicht vor der Stimmungsdemokratie kapituliert?

Die Reaktorkatastrophe in Fukushima ereignete sich am 11. März, einem Freitag, zweieinhalb Wochen vor den Landtagswahlen in Baden-Württemberg und Rheinland-Pfalz. Übers Wochenende gab es sofort Gespräche der Parteivorsitzenden im Kanzleramt: Merkel, Westerwelle und Seehofer. Die Fraktionsvorsitzenden Volker Kauder und Birgit Homburger wurden zeitweise hinzugezogen, ebenso Umweltminister Norbert Röttgen. Ich wurde nicht eingeschaltet, da ich als Wirtschaftsminister für Kernenergie und nicht für regenerative Energien zuständig war. Am Montagmorgen habe ich dann aus den Medien erfahren, dass die Koalition sich geeinigt hat, viel früher als geplant, aus der Kernkraft auszusteigen. Das trug natürlich der Stimmung in Deutschland Rechnung. Es hatte in Deutschland den Umfragen zufolge immer eine Mehrheit für die Kernenergie gegeben, aber sehr groß war diese Mehrheit nicht. Nach der Reaktorkatastrophe von Fukushima gab es eine klare Mehrheit für den Ausstieg.

In Berlin schauten alle gebannt auf die Landtagswahlen in Baden-Württemberg und Rheinland-Pfalz, gerade auch die FDP, nachdem die schwarz-gelbe Regierung in NRW im Jahr zuvor abgewählt worden war. Der schnelle Ausstieg hatte doch zweifellos auch mit dem Wahltermin 27. März zu tun.

Dass Deutschland aus der Kernenergie heraus gehen wird, war ja klar. Es war immer nur eine Frage der Fristen. Auch bei der von uns beschlossenen Laufzeitverlängerung stand der Ausstiegstermin fest.

Nochmal: Ohne Fukushima hätte die Regierung Merkel/Westerwelle im März 2011 doch keinen schnelleren Ausstieg beschlossen.

Das ist sicher richtig. Nach Fukushima dominierten in der Energiepolitik die Emotionen. Selbst in den Koalitionsparteien gab es nach meiner Einschätzung keine Mehrheiten mehr für eine Fortsetzung der bisherigen Energiepolitik. Wenn die FDP einen Sonderparteitag zur Kernenergie einberufen hätte, hätte es dort keine Mehrheit für die Fortführung des bisherigen Kurses gegeben. Damals fegte ein energiepolitischer Tsunami über Deutschland hinweg.

In dieser Situation haben Sie den Spitzenmanagern des BDI erklärt, solche Entscheidungen fielen nicht immer nach rationalen Überlegungen, sondern seien auch von Wahlkampfterminen geprägt.

An dem Tag, als der Ausstiegsbeschluss fiel, ging ich zu einem lange vereinbarten Kamingespräch mit dem Präsidium des BDI. Dort herrschte höchste Aufregung. Man hatte große Sorgen wegen der Auswirkungen steigender Energiepreise auf die Wettbewerbsfähigkeit der deutschen Unternehmen.

Da sollen Sie gesagt haben, den Ausstiegbeschluss müsse man unter Wahlkampfaspekten sehen.

Sinngemäß habe ich gesagt, ich sei selber von der Entscheidung überrascht worden, und dass dabei sicher auch die öffentliche Meinung kurz vor zwei wichtigen Wahlen hineingespielt habe. Aber ich habe zugleich Gespräche zwischen Regierung und Wirtschaft angeboten, um herauszufinden, wie man die Ausstiegs-Entscheidung vernünftig umsetzen kann. Das hat beim BDI auch zu einer gewissen Beruhigung der Debatte beigetragen.

Zehn Tage später, kurz vor den Wahlen, veröffentliche die „Süddeutsche Zeitung" Auszüge aus dem Protokoll dieses Kamingesprächs beim BDI. Der Tenor war eindeutig: „Brüderle begründet Atomausstieg allein mit den Wahlen".

Zunächst einmal war ich selbst überrascht, dass bei diesem vertraulichen Gespräch Protokoll geführt wurde. Der Anstand und die Fairness hätten es geboten, das Protokoll vor seiner Weitergabe an die Teilnehmer der Kaminrunde mit mir abzustimmen.

War das, was die SZ veröffentlichte, falsch?

Der Bericht hat einen falschen Eindruck erweckt. Ich habe den politischen Entschluss zum Ausstieg beim BDI nie in Frage gestellt. Ich habe nur darauf hingewiesen, dass sich in diesem Beschluss auch die Stimmung in der Bevölkerung widerspiegelt. Und ich habe dafür geworben, dass der Gesprächsfaden zwischen Wirtschaft und Politik nicht abreißt. Herr Schnappauf, der Hauptgeschäftsführer des BDI, hat damals ausdrücklich bestätigt, dass der Tenor des Berichts in der „Süddeutschen Zeitung" den Gesprächsverlauf nicht korrekt wiedergab. Hans-Peter Keitel, der damalige BDI-Präsident, hat sich bei mir ausdrücklich entschuldigt, weil der in der „Süddeutschen Zeitung" erweckte Eindruck nicht richtig gewesen sei.

Dennoch muss es beim BDI mindestens einen gegeben haben, der Ihnen und der FDP schaden wollte.

So kann man das, was da geschehen ist, wohl interpretieren. So ein Kamingespräch hat vertraulichen Charakter. Dass überhaupt ein Protokoll angefertigt wurde, widersprach allen Usancen. Als ich gehört habe, es existiere ein Protokoll, war ich deshalb sehr überrascht. Das Protokoll kann ja nur von einem Teilnehmer oder von einem BDI-Mitarbeiter an die Medien weitergegeben worden sein. Das war eine Aktion, die ganz gezielt gegen die FDP gerichtet war. Der Informant hat offenbar auch bewusst zehn Tage gewartet, ehe er das lanciert hat. Es war ja auch kein Zufall, dass das Protokoll am Donnerstag vor den Landtagswahlen auf Seite 1 der „Süddeutschen" groß zitiert wurde, bei einer Zeitung, die gegenüber Schwarz-Gelb äußerst kritisch eingestellt war. Das alles war politische Absicht. Das zeigt auch einen bedenklichen Niedergang der Gesprächskultur. Es gibt praktisch keine Vertraulichkeit mehr. Ich kann jedem Politiker nur empfehlen, in so genannten Hintergrundgesprächen nichts zu sagen, was nicht auch veröffentlicht werden kann.

BDI-Hauptgeschäftsführer Schnappauf, der für das Protokoll verantwortlich war, musste am Freitag vor den Wahlen gehen. Sein Rauswurf beherrschte dann den halben Freitag

und den ganzen Samstag vor dem Wahlsonntag die Schlagzeilen.

Die Motive für die Entlassung von Herrn Schnappauf kenne ich nicht. Wenn er alles richtig gemacht hätte, hätte es wohl
keinen Grund gegeben, ihn zu entlassen. Dennoch hätte ich es
für besser gehalten, wenn der BDI seine Entscheidung erst am
Montag nach der Wahl getroffen und bekanntgegeben hätte. So
hat der BDI dafür gesorgt, dass das Thema weiterhin in den Medien gespielt werden konnte und stündlich in den Nachrichten-
sendungen erwähnt wurde.

**Dann kam der Wahlsonntag, und die FDP wurde in beiden
Bundesländern mehr oder weniger halbiert. In Baden-Württemberg reichte es gerade noch für 5,3 Prozent, in Rheinland-Pfalz, Ihrem Heimatland, flog die FDP aus dem Landtag.**

Wir hatten in Umfragen vor dem Desaster in Japan vergleichbare Werte wie die Grünen. In Rheinland-Pfalz lagen wir bei allen Wahlen immer vor den Grünen. Aber die mit der Kernkraft
verbundene hohe Emotionalität hat sich gegen uns gerichtet,
dazu die Berichterstattung der „Süddeutschen Zeitung". Da hat
die Landespolitik bei der Wahlentscheidung nur noch eine un-
tergeordnete Rolle gespielt.

**Mit anderen Worten: Die Berichterstattung der „Süddeut-
schen Zeitung" war mitentscheidend, dass die FDP in Rheinland-Pfalz die 5-Prozent-Hürde nicht geschafft hat und in
Baden-Württemberg ein paar Stimmen für die Fortsetzung
von Schwarz-Gelb fehlten?**

Die „Süddeutsche" hat jedenfalls den gewünschten Effekt erreicht, nämlich der FDP zu schaden.

**Nach den verlorenen Landtagswahlen kam es im Mai 2011
zu den schon mehrfach erwähnten personellen Veränderun-**

gen bei der FDP. Für die Energiepolitik war von da an Ihr Nachfolger Philipp Rösler zuständig. Er sagte im Juni 2011, er sei optimistisch, der Verlust an Stromkapazitäten lasse sich durch den Umstieg auf die Erneuerbaren und einen „Turbo-Ausbau" der Stromnetze kompensieren. Das klang so, als sei alles ganz locker zu managen.

Er hat sich im Grunde richtig verhalten. Auch ich wollte als Wirtschaftsminister beim Netzausbaukonzept weg von der Länderkompetenz, wollte eine Zuständigkeit des Bundes für die technische Umsetzung haben wie bei den Bundesfernstraßen. Mir war bewusst, dass in Deutschland rund 4000 Kilometer Hochspannungsleitungen fehlten. Unter Rot-Grün ist fast nichts gebaut worden. Außerdem fehlen etwa 180.000 Kilometer an regionalen Verteilernetzen. Ich sah und sehe mit großem Missbehagen, wie langsam alles vorangeht, weil die Landesregierungen – auch solche mit FDP-Beteiligung – alles unter dem Gesichtspunkt ihrer Interessen sehen. Philipp Rösler hat die Notwendigkeit des Netzausbaus erkannt und versucht, ihn umzusetzen. Aber nachdem der erste Schock nach Fukushima verebbt war, ging auch die Bereitschaft in den Ländern zurück, Stromtrassen oder Windparks an Land zu akzeptieren.

Die Bundesregierung hat nach Fukushima eine Kehrtwende in der Energiepolitik vollzogen. War dabei eine liberale Handschrift erkennbar?

Wir haben die bundesweiten Planungen über nachgeordnete Instanzen wie die Bundesnetzagentur angepackt. Ich wollte, dass etwas auf dem Tisch liegt und die Länder sich nicht länger herausreden können, es gebe keine Planung. Wir haben auch die Überförderung der Photovoltaik bei neuen Anlagen immerhin abgebaut, von 48 Cent je Kilowattstunde auf 13 Cent. Aber wir konnten die Fehler, die unter Rot-Grün gemacht worden waren, nicht von heute auf morgen korrigieren.

In Ihre Amtszeit fiel der Ausbruch der Eurokrise. Was wäre anders gelaufen ohne FDP?

Wir haben zwei entscheidende Punkte durchgesetzt. Zum einen haben wir durchgesetzt, dass der Bundestag beim Rettungsfonds ESM mehr Mitspracherechte hat als jedes andere europäische Parlament. Außerdem habe ich zusammen mit Frau Leutheusser-Schnarrenberger darauf gedrungen, dass es nur Mittel aus dem ESM geben kann, wenn es dafür eine 80-Prozent-Mehrheit gibt. Die Justizministerin brachte da wichtige verfassungsrechtliche Argumente ein. Da Deutschland über 27 Prozent der Stimmen verfügt, geht ohne deutsche Zustimmung beim ESM nichts. Das haben wir erreicht.

Beim Start des Euro war der deutschen Bevölkerung zugesagt worden, die Europäische Zentralbank werde einen ebenso harten Stabilitätskurs fahren wie früher die Bundesbank, und wir Deutsche hätten mit den Schulden der anderen Länder nichts zu tun. Beides trifft ja nicht zu.

Die Tragik war, dass die Stabilitätskriterien als erste von Deutschland gebrochen wurden, in der Zeit von Kanzler Schröder. Chirac in Frankreich hat freudig mitgemacht, und der Rest von Europa applaudierte: Jetzt sind endlich die Deutschen soweit, dass sie es mit der Stabilität nicht mehr so ernst nehmen. Von da an waren die Leitplanken des Euro-Systems – „no bailout", maximal drei Prozent Netto-Neuverschuldung, höchstens 60 Prozent Staatsverschuldung in Bezug auf das Bruttoinlandsprodukt – weg, der Maastricht-Vertrag war im Kern zerstört.

Dann kam die Griechenland-Krise.

Man kann sicher darüber streiten, ob wir 2010 im Fall Griechenlands hätten erkennen müssen, in welch großen Schwierigkeiten das Land tatsächlich steckte. Ich erinnere mich an Gespräche beim Weltwirtschaftsforum in Davos Anfang 2010, als der griechische Ministerpräsident Papandreou und sein

Finanzminister erklärten, sie hätten die Lage im Griff und bräuchten keinen Cent Hilfe. Als ich mit ihnen darüber diskutierte, war auch Währungsfonds-Chef Strauß-Kahn dabei. Auch er war damals der Meinung, Griechenland könne seine Schwierigkeiten ohne größere Hilfsmaßnahmen beherrschen. Den Satz „keinen Cent für Griechenland" habe ich dann oft gebraucht, als Aussage des griechischen Ministerpräsidenten. Auch die Kanzlerin hat das so formuliert. Die Realität war dann ganz anders. Ich glaube, die griechischen Politiker wussten selber nicht, wie tief sie in der Misere steckten und wie wenig sie ihr eigenes Land steuern konnten.

Wäre es für eine marktwirtschaftliche Partei wie die FDP nicht die naheliegende Haltung gewesen zu sagen, falls es die Griechen nicht packen, sollen sie in eine geordnete Insolvenz gehen. Ihr Nachfolger hat das 2011 einige Male angedeutet.

Nun muss man ja sehen, dass die Euro-Verträge den Ausschluss eines Euro-Landes nicht vorsehen.

Es gibt aber auch keine vertragliche Verpflichtung zu Rettungspaketen.

ˈDas ist auch richtig. Aber man muss sich mal vorstellen, was damals passiert wäre, wenn Griechenland aus dem Euro ausgetreten wäre und die Drachme wieder eingeführt hätte. Die Altschulden in Euro wären ja damit nicht weggefallen. Die hätte Griechenland mit einer „Mickey-Mouse-Währung" niemals zurückzahlen können. Es wäre der absolute Staatsbankrott gewesen mit allen politischen und ökonomischen Folgen. Die große Sorge war, lässt man ein Land fallen, stürzt sich die internationale Spekulation auf das nächste, zum Beispiel Irland. Es gab auch großen internationalen Druck etwa der Amerikaner, Griechenland nicht fallen zu lassen. Deshalb musste bei den Hilfen für Griechenland ständig „nachgerüstet" werden. Heute kann man feststellen, dass die Griechen keineswegs alle ihre

Zusagen erfüllt haben. Aber sie haben immerhin ein Stück Veränderung bewerkstelligt.

Schon der erste Rettungsschirm war doch ein Verstoß gegen das Prinzip „no bail-out".
Wir mussten sehr genau abwägen, welche Kettenreaktionen es auslösen würde, wenn ein Land in die Knie geht. Griechenland selbst war von der wirtschaftlichen Bedeutung her nicht das Problem. Aber auch französische Banken waren dort stark engagiert. Wenn die wegen Griechenland in eine gefährliche Schieflage gekommen wären, hätte das wiederum Auswirkungen auf uns gehabt.

Im Nachhinein: Was hätte man 2010 anders machen können?
Wir hätten damals die Bedingungen für die Hilfen härter fassen müssen. Aber ich will jetzt nicht im Nachhinein alles besser wissen. Ich kann mich noch gut an die Nacht vom 9. auf den 10. Mai 2010 erinnern. Es war in der Nacht zum Montag und es ging um Notmaßnahmen gegen den Absturz des Euro im Zusammenhang mit der ersten Griechenlandkrise. Wir saßen im Kanzleramt: die Kanzlerin, Ronald Pofalla, Sabine Leutheusser-Schnarrenberger, Guido Westerwelle und ich. Innenminister Thomas de Maizière vertrat in Brüssel den erkrankten Finanzminister Wolfgang Schäuble.

Nach der Vertretungsregelung der Bundesregierung hätten doch Sie als Wirtschaftsminister den Finanzminister vertreten müssen.
Als feststand, dass Wolfgang Schäuble nicht verhandeln konnte, befand ich mich im Flugzeug auf dem Weg nach Berlin. In dieser Zeit verständigten sich die Bundeskanzlerin und Vizekanzler Westerwelle auf Thomas de Maizière als deutschen Vertreter.

Zurück zu jener Nachtsitzung im Kanzleramt.
Da kamen alle halbe Stunde neue Schreckensmeldungen aus
der ganzen Welt: von der Fed, der Bank of England, von EZB
und Bundesbank. Ständig erreichten uns neue Hiobsbotschaf-
ten, wieviel spekulatives Geld sich gegen den Euro aufbaute.
Damals mussten wir quasi im dichten Nebel handeln. Denn wir
mussten eine Lösung haben, ehe am Montag in Fernost die Bör-
sen aufmachten. Ohne das erste Hilfspaket hätte es zu einer un-
kontrollierbaren Kettenreaktion kommen können, zum Crash.
Das konnte keiner verantworten.

**Die FDP hatte in der vergangenen Legislaturperiode mit
dem Vorwurf zu kämpfen, sie bringe nichts zustande. Sie haben auf dem Parteitag 2012 versucht, mit einer Erfolgsbilanz
dagegen zu halten nach dem Motto „Wer hat's gemacht? Wir
haben's gemacht". Es waren etwa zehn Punkte, beginnend
mit dem Abbau der Arbeitslosigkeit, steigenden Reallöhnen,
geringer Jugendarbeitslosigkeit. War diese positive Entwicklung wirklich das Ergebnis schwarz-gelber Politik oder eher
noch Nachwirkungen der Agenda 2010?**
Es waren auch Nachwirkungen der Agenda-Politik. Ich will
das nicht bestreiten. Ohne diese Reformen, Stichwort Hartz IV,
wäre die Entwicklung am Arbeitsmarkt nicht so positiv verlaufen. Aber Schwarz-Gelb hat diesen Reformkurs fortgesetzt,
während SPD und Grüne innerlich längst davon abgerückt waren. Wir haben das Wachstumsbeschleunigungs-Gesetz auf den
Weg gebracht, haben mit höherem Kindergeld und höheren
Freibeträgen die Kaufkraft gestärkt, haben mehr Geld als jemals
zuvor in Forschung und Bildung investiert. In unserer Regierungszeit sind die Investitionen gestiegen, die Zahl der Arbeitsplätze und die Exporte ebenso, selbst die Zahl der Langzeitar-
beitslosen ist zurückgegangen. Natürlich haben die Menschen
einen entscheidenden Anteil an diesen Erfolgen. Aber wenn die
Wirtschaft sich in keinem anderen europäischen Land so posi-

tiv entwickelt hat, wie bei uns, konnten wir schon sagen: „Wir haben's gemacht!"

Sie haben auch die Aussetzung der Wehrpflicht als Erfolg der FDP gepriesen. Nun hatte die Koalition eine Verkürzung der Wehrpflicht versprochen. Ausgesetzt hat sie Baron von und zu Guttenberg.

Das war nicht so. Die Aussetzung der Wehrpflicht war FDP-Position seit vielen Jahren. Wir setzten in den Koalitionsverhandlungen eine Verkürzung von neun auf sechs Monate durch, weil die Union über eine Abschaffung mit sich partout nicht reden lassen wollte. Dabei gingen wir davon aus: Von sechs Monaten Wehrpflicht bis zur Aussetzung ist es dann nicht mehr weit. Die Situation war, dass alle großen Demokratien – USA, England, Frankreich, Spanien – sie bereits abgeschafft hatten. Wir wollten das auch, weil die Aufgaben der Bundeswehr sich grundlegend verändert hatten. Die Bundeswehr hat in gewisser Weise auch internationale Polizeiaufgaben. Wir können aber keine Wehrpflichtigen nach Afghanistan schicken oder ins ehemalige Jugoslawien. Verteidigungsminister zu Guttenberg hat sich eher auf eine sich anbahnende Entwicklung draufgesetzt.

Der Verteidigungsminister wollte mit einer Freiwilligen-Armee Geld sparen.

Wir haben das schmunzelnd zur Kenntnis genommen. Berufssoldaten sind nicht billiger als Wehrpflichtige.

Sie haben „Elena" gestoppt, das von der Großen Koalition beschlossene „Elektronische Entgeltnachweis"-Verfahren. Ging es da um Bürokratieabbau oder um die Abwehr staatlicher Erfassungswut?

Um beides. Mit „Elena" sollten alle Arbeitnehmerdaten zentral erfasst und unter anderem von der Agentur für Arbeit genutzt werden können. Damit sollten weitere Erhebungen erleichtert werden. Das war ganz im Sinne der Großindustrie. Für kleinere und mittelständische Betriebe wäre es eine riesige zusätzliche Belastung geworden. Unser Misstrauen gegenüber „Elena" war immer hoch, auch unter bürgerrechtlichen Aspekten. Der Staat muss nicht alles wissen. Da hatten wir noch keine Ahnung von der NSA, aber der liberale Naturinstinkt hat da reagiert. Es hat sich auch konkret gezeigt, dass die Umsetzung äußerst kompliziert und bürokratisch würde. Deshalb haben wir den Stopp des Verfahrens durchgesetzt. Interessanterweise will die Große Koalition „Elena" auch nicht einführen.

Zum Thema Bürgerrechte: Die FDP hat durchgesetzt, dass Internetseiten mit Kinderpornographie gelöscht statt gesperrt wurden. Und sie hat die Vorratsdatenspeicherung verhindert.

Das waren unsere Erfolge. Vorratsdatenspeicherung ist heute wieder aktuell. Es hat sich als richtig erwiesen, dass wir uns gegen den total durchleuchteten Bürger gewehrt haben. Jedes Gesetz, jede Verordnung des Bundes wird vom Justizministerium geprüft. Da ist es schon entscheidend bei der Bewertung, ob da jemand sitzt, der erzkonservativ ist, der möglichst alles in Staatshand wissen will, oder jemand, der Interventionen des Staates nicht per se für richtig hält.

Bereits zu Beginn der Koalitionsverhandlungen 2009 hat die FDP durchgesetzt, dass es bei Hartz IV ein höheres Schonvermögen gibt und dass Ferienjobs von Kindern aus Hartz IV-Familien nicht mehr angerechnet werden. Das hat der FDP aber niemand gutgeschrieben. Ist es nicht so, dass die Menschen Soziales grundsätzlich nicht mit der FDP in Verbindung bringen?

Es ist manchmal das Schicksal, dass man etwas Gutes tut, und niemand nimmt es zur Kenntnis. Trotzdem muss man es tun, wenn man es für richtig und notwendig hält. Es gab konkrete Fälle, die durch die Medien gingen. Zum Beispiel wurden einer Hartz IV-Familie, deren Tochter sich mit Gitarrenspielen ein wenig Feriengeld verdient hatte, die staatlichen Leistungen gekürzt. Initiativen von Kindern aus bescheidenen Verhältnissen sollte man anerkennen statt zu bestrafen. Das Schonvermögen ging auf den Gedanken zurück, dass Eigentum ein Stück Freiheit ist. Das entspricht unserer Grundsatzposition. Ich hatte nicht die Erwartung, dass alle Hartz IV-Empfänger mit Kindern deshalb FDP wählen. Aber auch bei Randthemen zeigt sich die Grundhaltung einer Partei.

Die FDP hat auch das Deutschland-Stipendium durchgesetzt.

Das Deutschland-Stipendium ist – anders als das Bafög – auf die Leistung bezogen. Wir wollten immer Spitzenforschung haben. Diese Form des Stipendiums hatte Wissenschaftsminister Andreas Pinkwart von der FDP in Nordrhein-Westfalen eingeführt, und wir haben es für den Bund übernommen. Unser Ziel war immer eine Leistungselite, nicht eine Standeselite. Anreize, die in diese Richtung führen, entsprechen unserer liberalen Tradition.

In ihrer Bilanz „Vier gute Jahre" sagt die FDP, wir haben die Rentenbeiträge gekürzt, die Praxisgebühr abgeschafft, einen ausgeglichenen Haushalt und stabiles Geld erreicht.

Wir waren 2013 auf dem Weg zum ausgeglichenen Haushalt. Meines Erachtens wäre das schon 2014 möglich gewesen. Die Große Koalition wird dieses Ziel wohl erst 2016 erreichen, wie es die Verfassung vorschreibt. Früher wäre in jedem Fall besser gewesen.

Die Praxisgebühr war doch immerhin ein Element in unserem verstaatlichten, überregulierten Gesundheitswesen, wo der Geldbeutel ein klein wenig eine Rolle spielt. Und die FDP

ist stolz, dass dieses marktwirtschaftliche Element weg ist. Das verstehe, wer will.

Die Praxisgebühr hat keine Lenkungswirkung entfaltet. Die Menschen sind deshalb nicht weniger zum Arzt gegangen. Das Aufkommen war bescheiden. Der Verwaltungsaufwand war irrsinnig hoch, er schluckte vermutlich die Hälfte der zehn Euro. Es gab keinen vernünftigen Grund, die Praxisgebühr beizubehalten.

Was hätte Angela Merkel zwischen 2009 und 2013 anders gemacht, wenn sie nicht mit der FDP regiert hätte?

Sie hätte garantiert viel mehr Geld für Sozialleistungen, für eine Wohlfahrtspolitik ausgegeben. Das kann man ja am Koalitionsvertrag von Rot-Schwarz sehen. Angela Merkel wollte schon in der letzten Legislaturperiode die Mütterrente ausweiten. Die CDU hätte ohne uns die Mindestrente erhöht. Da ging es innerhalb der Koalition manchmal hoch her. Ich bin auch überzeugt, dass die europäische Politik ohne uns zum Teil anders gelaufen wäre. In einer Großen Koalition hätte Merkel sich bei der Euro-Rettung darauf einlassen müssen, Schulden zu vergemeinschaften, etwa durch die Einführung von Eurobonds. Die deutsche Euro-Politik der vergangenen vier Jahre war nur mit einer bürgerlichen Koalition möglich.

War es bei der Bundestagswahl 2013 nicht das Grundproblem der FDP, dass die FDP zu Recht sagen konnte, wir haben Schlimmeres verhindert. Dass es aber nur wenige Punkte gab, wo sie sagen konnte, da haben wir die Weichen in die richtige Richtung gestellt.

Wir haben schon einiges verändert. Aber der entscheidende Punkt ist ein anderer: Wir leben in einer Zeit voller Ungewissheiten und großer Unsicherheit. Da wenden sich die Menschen eher Parteien zu, die mehr Sicherheit durch mehr Staat versprechen. Das kann man auch international beobachten. Die „Freisinnigen", unsere Schweizer Freunde, hatten früher immer um die 35 Prozent der Stimmen. Davon sind sie heute weit entfernt. In Italien, Frankreich oder Spanien gibt es gar keine nennenswerten liberalen Parteien mehr. Wer heute für mehr Eigenverantwortung und größere Freiräume eintritt, hat es viel schwerer als früher. Dazu haben auch die Exzesse an den Finanzmärkten beigetragen. Denken Sie nur an den Immobiliencrash und die Lehman-Pleite in den USA. Ich sage voraus: Mit der Großen Koalition wird es mehr Regulierung geben. Das kann bei zwei staatsorientierten Parteien gar nicht anders sein. Es wird Einschränkungen von Freiräumen geben. Freiheitsrechte muss man leben, das sind keine Pensionsrechte. Wenn man sie nicht lebt, sind sie weg, genau wie untrainierte Muskeln. Wer seine Muskeln nicht nutzt, muss sie sich mühsam mit Reha-Maßnahmen wieder antrainieren. Das, was uns bei der Großen Koalition bevorsteht, kann aber auch eine große Chance für ein Comeback der FDP werden.

8. Blick zurück ohne Stolz: Albträume in der Traumkoalition

"Die CSU ist als Wildsau aufgetreten, sie hat sich nur destruktiv gezeigt." (FDP-Staatssekretär Daniel Bahr nach dem Nein von CSU-Chef Horst Seehofer zur Kopfpauschale)

"Seehofer hat ein persönliches Trauma. Jetzt müssen 70 Millionen gesetzlich Versicherte seine Traumatherapie machen." (FDP-Generalsekretär Christian Lindner)

"Die entwickeln sich zur gesundheitspolitischen Gurkentruppe: Erst schlecht spielen, dann auch noch rummaulen." (CSU-Generalsekretär Alexander Dobrindt)

„FDP-Vorstandsmitglied Wolfgang Kubicki kündigte Mitte März an, ab sofort werde "bis auf die Schwarte" auf die CSU eingedroschen – nach dem Motto: "Feuer frei von jedem". In Anspielung auf ein außereheliches Kind von Seehofer riet der FDP-Mann aus Schleswig-Holstein seinen Parteifreunden, den CSU-Vorsitzenden mit der Frage zu quälen, ob dessen "Familienplanung etwas aus dem Ruder gelaufen ist". Dem "Quartalsspinner" aus Kiel sei wohl die "Schweinegrippe aufs Gehirn geschlagen", parierte Dobrindt mit einem bayerischen Biertischrempler diese FDP-Attacke.

In diesem verbalen CSU/FDP-Dauerclinch mischten auch andere auf beiden Seiten kräftig mit. Hessens FDP-Landeschef Jörg-Uwe Hahn sah die CSU "in den Wechseljahren". Einen Hang zur "parasitären Publizität" machte FDP-Vize Rainer Brüderle bei den Christsozialen aus.

*Und auf die Ankündigung von FDP-Chef Guido Westerwelle,
er könne auch anders, höhnte dessen Duzfreund Seehofer:
"Keine Angst, das ist kein Tsunami, nur eine Westerwelle."
Dobrindt bescheinigte dem Außenminister "altrömischen
Cäsaren-Wahn"."*

(Alle Zitate aus: „Die Welt" vom 8. Juni 2010)

**Die FDP ist 1998 zusammen mit der CDU vom Wähler in die
Opposition geschickt worden. 2002 reichte es nicht für ein
schwarz-gelbes Comeback, 2005 auch nicht. Warum hat für
die FDP die „Ampel"-Variante – SPD, Grüne, FDP – praktisch keine Rolle gespielt?**
Es muss inhaltlich zusammenpassen. Auch heute sehe ich
keine Basis für eine solche Konstellation. Letztlich kommen die
Grünen eher vom staatsbürokratischen Denken her, ihr Programm strotzt geradezu von Verboten und Geboten. Das ist mit
dem Programm einer Freiheitspartei nur sehr schwer zu vereinbaren. Es funktioniert hier und da in Kommunen. Wir hatten
es zweimal auf Landesebene, in Bremen und Brandenburg. Es
endete mit Misserfolgen und die FDP zahlte teuer dafür. Grüne
und FDP – das sind eben zwei Welten.

**Sie haben 1991 in Mainz mit der SPD koaliert. Sie hatten kei-
ne Probleme, aus der schwarz-gelben Koalition zum Wahl-
sieger SPD zu wechseln, obwohl Rudolf Scharping Sie im
Wahlkampf nicht sonderlich nett behandelt hatte.**
(Lacht.) Ich ihn auch nicht.

**Waren Sie in Koalitionsfragen nicht immer ein bisschen fle-
xibler als andere Liberale?**
Das mag sein. Ich bin auch anders geprägt durch meine An-

109

fänge als Kommunalpolitiker. In der Stadt Mainz hatten wir oft eine Art Allparteienregierung. Es gab in den achtziger Jahren bei einem SPD-Oberbürgermeister drei hauptamtliche Bürgermeister der CDU, zwei von der SPD und einen von der FDP, und der war ich. Da ging es nicht allzu ideologisch zu. Entscheidend war, dass man mit den Menschen umgehen konnte und sich für Mainz einsetzte. Das einte alle – vom Kardinal bis zum DGB-Vorsitzenden. Leider ist diese Haltung später verlorengegangen.

Ihre erste „richtige" Koalition war dann eine schwarz-gelbe auf Landesebene.
Die FDP ist 1983 mit 3,5 Prozent aus dem Landtag geflogen. Ich wurde damals Landesvorsitzender, weil kein anderer diese Aufgabe übernehmen wollte. Das war eine harte Zeit, in der ich die Partei neu aufbauen und bis hin zur Presseerklärung praktisch alles allein machen musste. Später bekam ich eine halbe Tageskraft dazu. Aber es ist uns gelungen, 1987 mit 7,3 Prozent auf Anhieb in den Landtag zurückzukehren und die absolute Mehrheit der CDU zu brechen.

Dann regierten Sie zusammen mit Bernhard Vogel.
Ja, aber die Koalition mit der CDU war anfangs auch nicht so einfach. Der damalige Ministerpräsident Bernhard Vogel verkündete gern, er brauche „kein Brüderle", er habe schon einen Bruder – den damaligen SPD-Bundesvorsitzenden Hans-Jochen Vogel. Aber wir haben uns zusammengerauft und haben dann gut zusammengearbeitet. Auch mit seinem Nachfolger Carl-Ludwig Wagner, der uns stets fair behandelt hat, hat die Zusammenarbeit sehr gut geklappt.

1991 hat es wegen schwerer Verluste der CDU nicht mehr für Schwarz-Gelb gereicht und Sie haben zusammen mit der SPD eine rot-gelbe Regierung gebildet. 1996 hätten Sie aber wieder zu Schwarz-Gelb zurückkehren können.

Ja, CDU und FDP hatten eine ganz knappe Mehrheit von einer Stimme. Aber wir hatten eine klare Koalitionsaussage für die Fortsetzung von Rot-Gelb gemacht. Die haben wir eingehalten. Wir hatten auch keinen Grund zu wechseln. Denn die SPD – zuerst Rudolf Scharping und nach 1994 dann Kurt Beck – hat uns immer fair behandelt. Ganz abgesehen davon gab es Hinweise aus der CDU, dass keineswegs alle Abgeordneten in geheimer Wahl für deren Spitzenkandidaten Johannes Gerster stimmen würden.

Um nochmals auf das Thema „Ampel" zurückzukommen: 2005 hätte die SPD große Zugeständnisse gemacht, wenn die FDP „gesprungen" wäre. Mit dem „Agenda-Schröder" hätten Sie doch sicher gekonnt?

Seine Positionen in der Arbeitsmarktpolitik waren ganz vernünftig, zum Beispiel die Zusammenlegung von Arbeitslosenhilfe und Arbeitslosengeld. Aber die Agenda-Politik bestand ja nicht nur aus Arbeitsmarktpolitik, zumal er diese Reformen erst relativ spät angepackt hat. Mein Eindruck war, dass Schröder eher spielerisch regiert hat. Erst als die Arbeitslosigkeit in Richtung fünf Millionen ging, hat er richtig zugepackt. Er hat auch viele Fehler gemacht, zum Beispiel mit der Aufnahme Griechenlands in den Euro oder bei seinem Verstoß gegen die Maastricht-Kriterien. Um auf Ihre Frage zurückzukommen: Eine SPD/FDP-Koalition wäre immer etwas anderes als eine „Ampel" unter Einschluss der Grünen.

Sie haben im Dezember 2005 in einem Interview gesagt, „eine konsequent reformorientierte SPD könnte bei der nächsten Bundestagswahl der bessere Koalitionspartner sein, als es eine sich immer stärker sozialdemokratisierende Union wäre".

Die SPD war ja damals auf einem vernünftigen Weg. Wenn eine bürgerliche Regierung am Arbeitsmarkt das gemacht hätte,

was Schröder machte, hätten wir wahrscheinlich einen General-
streik gehabt. Nach meiner Ansicht hätten wir so etwas gar
nicht umsetzen können. Insofern war Schröders Politik mutig
und vernünftig, auch wenn es bei der Umsetzung aus verschiedenen Gründen Schwierigkeiten gab. Auch die Riester-Rente
war der richtige Ansatz. Das waren schon Reformen, die man
respektieren musste. Insofern war meine Aussage von Ende
2005 richtig. Wir haben ja in sozial-liberalen Koalitionen mit
der SPD viel erreicht.

**Es kam dann 2009, elf Jahre nach Abwahl der Regierung
Kohl/Kinkel, zur Neuauflage von Schwarz-Gelb. Die Kanzlerin sprach von ihrer Wunschkoalition. Aber man hatte nie
den Eindruck, hier komme ein Liebespaar zusammen, das
endlich alle Hindernisse überwunden hat.**

(Lacht.) Also, Liebe ist keine politische Kategorie.

**Es war damals aus den Koalitionsrunden immer wieder zu
hören, die FDP sei mehr oder weniger unvorbereitet in die
Koalitionsverhandlungen gegangen beziehungsweise gestolpert.**

Im Rückblick hätten wir uns besser vorbereiten müssen.
Wir hatten einen Nachteil: Nach elf Jahren ohne Regierungsbeteiligung waren wir noch ganz auf Opposition getrimmt.
Es gab bei uns auch nur ganz wenige, die überhaupt Regie-
rungserfahrung auf Bundesebene hatten. Das waren nur Frau
Leutheusser-Schnarrenberger und Heinrich Kolb, der bis 1998
parlamentarischer Staatssekretär im Bundeswirtschaftsministe-
rium war.

**Alle Parteien hatten es damals sehr eilig mit der Regierungs-
bildung.**

Ja, es gab da schon Verlockungen, möglichst schnell die neue
Regierung zu installieren. Am 9. November, zum 20. Jahrestag

des Mauerfalls, sollte bereits das neue Kabinett die Staats- und Regierungschefs aus ganz Europa empfangen. Das führte dazu, dass wir bereits nach drei Wochen die Verhandlungen abgeschlossen hatten, mit vielen Prüfaufträgen und Absichtserklärungen, die nicht konkret ausformuliert waren. Eile rächt sich in solchen Fällen immer. Wir waren auch ein wenig euphorisch. Wir dachten, jetzt regieren wir endlich mit einem bürgerlichen Partner, das wird schon klappen.

Trifft es eigentlich zu, dass Guido Westerwelle 2009 die Parole ausgegeben hatte, vor dem Wahltag wird auch intern nicht über Einzelheiten eines Koalitionsvertrages geredet?

Ja. Vor der Wahl kam es darauf an, alle Kräfte zu konzentrieren, um endlich nach elf Jahren den Durchbruch zu schaffen. Wenn die FDP nicht dieses hohe Ergebnis von 14,6 Prozent erreicht hätte, wäre die Union gezwungen gewesen, weitere vier Jahre mit der SPD zu koalieren.

Waren Sie zu euphorisch nach dem guten Wahlergebnis?

Euphorisch ja, aber nicht berauscht von den fast 15 Prozent. Aber wir hatten Vertrauen, dass der Partner ähnlich empfindet wie wir – dass man, wenn man sich versteht, in einem Koalitionsvertrag nicht alles kleinlich kodifizieren muss. Da haben wir uns gründlich getäuscht.

Wenn man damals mit CDU-Politikern sprach, musste man den Eindruck gewinnen, diese hätten schon am Wahlabend beschlossen, die FDP für diese 14,6 Prozent büßen zu lassen.

Ja, wahrscheinlich gab es solche Überlegungen.

Volker Kauder sagte schon im Januar 2010 in einem Interview, die CDU wolle ihre Leihstimmen wieder zurückholen.

Die CDU hat ja nichts verliehen. Das haben bürgerliche Wähler schon selber entschieden. Aber die CDU/CSU hatte nach ihren 33,8 Prozent die Sorge, es könne mit ihr ähnlich abwärts gehen wie mit den anderen christdemokratischen Parteien in Europa.

Es gab nach Abschluss der Koalitionsverhandlungen einen Sonderparteitag der FDP. Dort sagte der Vorsitzende Westerwelle: „Alle 20 Kernforderungen der FDP konnten im Koalitionsvertrag durchgesetzt werden. Versprochen – gehalten." Wie kann man einer solchen Selbsttäuschung erliegen?

Wenn man den Koalitionsvertrag zusammen sieht mit den Absichtsbekundungen der drei Parteien, konnte man das so sehen wie Guido Westerwelle. Aber die Realität in der Koalition stellte sich zunehmend anders dar.

Der Wortlaut des Vertrags entsprach also nicht dem Geist, in dem er von der FDP unterschrieben worden war?

Ja. Wir haben den Vertrag so verstanden: Was wir nicht präzise ausformuliert haben, werden wir, weil FDP und CDU/CSU ähnliche Werte vertreten und sich im Prinzip gut verstehen, schon vernünftig hinbekommen. Leider war das nur bedingt richtig.

Mit der so genannten Hoteliersssteuer begann bereits im Januar 2010 der demoskopische Abstieg der FDP. Hat die CDU sie das damals spüren lassen, etwa nach dem Motto, die 14,6 Prozent waren eine Eintagsfliege, jetzt seid ihr wieder im einstelligen Bereich, also dort, wo die FDP eigentlich hingehört?

Ich habe es so nicht empfunden. Aber wir haben bei dem Thema Mehrwertsteuer auch einen Fehler gemacht. Man kann selbst bei strittigen Themen Erfolg haben, wenn man konsequent an seiner Haltung festhält. Wir haben aber nach den ständigen Attacken der Medien, insbesondere von „Spiegel" und Stern", einen Zickzack-Kurs eingeschlagen. Da forderte

Andreas Pinkwart, der stellvertretende Ministerpräsident von Nordrhein-Westfalen, plötzlich die Rücknahme der Mehrwertsteuerermäßigung für Übernachtungen. Dem schlossen sich andere FDP-Politiker an, andere waren wiederum für die Beibehaltung. Dadurch ist der Eindruck entstanden, als ob man etwas Unrechtes getan hätte bei dem Versuch, eine Benachteiligung deutscher Hotels und Gasthöfe gegenüber der Konkurrenz in Österreich oder der Schweiz zu beseitigen. Man muss entweder dafür sein, oder man lässt es. Mit unterschiedlichen Stimmen aus dem FDP-Lager kann man keinen Erfolg haben.

Es kam die Landtagswahl im Mai 2010 in Nordrhein-Westfalen. Die FDP überstand sie einigermaßen, verglichen mit dem Landtagswahlergebnis fünf Jahre zuvor, die CDU dagegen ist schwer eingebrochen. Schwarz-Gelb hatte in Düsseldorf keine Mehrheit mehr, auch nicht mehr im Bundesrat. Kann man sagen, das war der Anfang vom Ende?

Im Grunde setzte da ein Erosionsprozess ein. Die Bundesregierung musste im Bundesrat immer mehr Konzessionen machen. Das ist leider ein Stück Realität unseres Föderalismus. Das Wahlergebnis in Nordrhein-Westfalen war schon eine dramatische Veränderung der politischen Lage. NRW war als bevölkerungsreichstes Bundesland schon immer eine Art „Trendsetter" für die weitere politische Entwicklung in Deutschland.

Die Kanzlerin fühlte sich jedenfalls so stark, dass sie am Tag nach der NRW-Wahl öffentlich die im Koalitionsvertrag vereinbarten Steuersenkungen kassierte.

Ich weiß nicht, ob es vorher Gespräche zwischen den Parteispitzen gegeben hatte. Für mich kam es völlig überraschend.

Wurde darüber im Kabinett gesprochen?

Es war kein Kabinettsbeschluss, es war eine politische Verkündigung.

Wieso hatte der Koalitionsausschuss im Koalitionsalltag eine so geringe Bedeutung?

Anfangs tagte er regelmäßig. Dann gab es immer weniger Zusammenkünfte im großen Kreis. Dafür gab es die kleinere Runde mit den drei Partei- und Fraktionsvorsitzenden.

Haben Sie damals in den verschiedenen Koalitionsrunden festgestellt, dass CDU/CSU und FDP sich fremder werden? Oder dachte man, das Tief geht vorbei?

Wir waren von 2010 an in einem Tief. Vor allem aber gab es auch ein erhöhtes Misstrauen, weil es bei allen diesen Gesprächen zu permanenten Indiskretionen kam. Da kannten einige keine Hemmungen. Ich habe das häufig so erlebt. Beim Verlassen des Kanzleramts, ich war noch nicht mal im Auto drin, habe ich auf meinem Handy schon die ersten Agentur-Meldungen mit wörtlichen Äußerungen aus der Koalitionsrunde lesen können. So ein Stil schürt Misstrauen.

Kamen diese Indiskretionen nur von der Unionsseite?

(Lacht.) Da ich fast immer als erster im Auto saß, konnte ich es nicht gewesen sein. Aber im Ernst: Ich schließe nicht aus, dass auch der eine oder andere von uns meinte, er könne so Politik machen. Es ist immer ein schlechtes Signal, wenn derlei passiert und daraus Misstrauen entsteht. Es macht das Klima kaputt.

Es gab dann zu Beginn des Jahres 2011 den Versuch eines Neustarts. Erstmals trafen sich die Fraktionen von CDU/ CSU und FDP zu einem gemeinsamen Neujahrsempfang. So sollte wohl signalisiert werden: Wir raufen uns zusammen. Man nannte sich von Stund' an nicht mehr schwarz-gelbe, sondern christlich-liberale Koalition.

Wir haben uns auch gegenseitig zu den Sommerfesten der Fraktionen eingeladen. Das waren nette Gesten und tat auch den Beteiligten gut. Die Idee mit „christlich-liberal" stammte von der Kanzlerin. (Lacht.) Mir fiel nie auf, dass das Christliche in der Unionsfraktion dominierte. Das hohe „C" wurde zwar gerne beschworen, aber wenn es konkret wurde, hatte ich nie den Eindruck, dass das Gebot der Nächstenliebe bei den Unionskollegen in besonderer Weise befolgt wird. Das war meistens Machtpolitik pur. Aber das Markenzeichen „christlich-liberal" hat mich nicht gestört. Ich bin protestantischer Christ und liberal.

2010 gab es wüste gegenseitige Beschimpfung wie „Wildsäue" und „Gurkentruppe". Das hatte es bis dahin nicht gegeben, dass eine Koalition nach so kurzer Zeit schon so zerstritten war.

Die Stimmung war auch wegen der schon erwähnten Indiskretionen gereizt. Es gab auf beiden Seiten Politiker, die glaubten, man könne durch Indiskretionen öffentlichen Druck aufbauen und so Politik machen. In der Öffentlichkeit ging das zu Lasten der FDP. Denn gerade von einer bürgerlichen Partei erwartet man einen anderen Stil. Bei den Grünen wird manches als originell empfunden, was uns niemand durchgehen lässt. Als Joschka Fischer zu Bundestagspräsident Richard Stücklen sagte, „mit Verlaub, Herr Präsident, Sie sind ein Arschloch" empfanden das viele in den Medien als eine Bereicherung der Politik.

Die Eurokrise hätte die Koalition eigentlich zusammenschweißen müssen. Allerdings gab es in der FDP Ende 2011 den Versuch, über einen Mitgliederentscheid die Fraktion zu einer anderen Politik zu verpflichten. Das hat die FDP in den Augen der Union zu einem unsicheren Kantonisten werden lassen.

Wahrscheinlich, ja. Aber wir haben das Instrument des Mitgliederentscheids nun mal geschaffen, haben so über den großen Lauschangriff entschieden. Aber der monatelange Diskussionsprozess zum Thema Euro – ich habe dazu etwa fünfzig

Veranstaltungen bestritten – und permanent unterschiedliche Meinungsäußerungen in der Öffentlichkeit führten dazu, dass die Partei nach außen zerrissen wirkte. In Deutschland mag man es eher stabil und ruhig als aufgeregt und strittig. Deshalb hat der Mitgliederentscheid die FDP als zerstritten und gespalten erscheinen lassen. Wir hatten in dieser Phase nicht mehr die Möglichkeit, mit anderen Themen zu punkten. Immerhin hat der Mitgliederentscheid zu einer Klärung geführt. 55 Prozent unterstützten die Linie der Partei- und Fraktionsspitze. Das war ein knappes, aber ehrliches Ergebnis. Auch die unterlegenen 44 Prozent akzeptierten diese Entscheidung.

Ein Jahr nach dem Mitgliederentscheid musste Bundespräsident Christian Wulff zurücktreten. Bei der Suche nach einem Nachfolger stand die FDP im Februar 2013 plötzlich an der Seite von Rot-Grün. Das mussten die Kanzlerin und die Union doch als Affront auffassen.

Das kann man so nicht sehen. Die FDP hatte sich schon 2009 bei der Wahl von Wulff nicht leicht getan. Schon damals gab es in der FDP viel Sympathie für Joachim Gauck. Viele in der FDP waren von Wulff als Bundespräsident nicht so recht überzeugt. Ich persönlich hatte immer geglaubt, er wolle Merkels Nachfolger an der Spitze der CDU und im Kanzleramt werden. Mich hat schon verwundert, dass er im Alter von 51 Jahren überhaupt Bundespräsident werden wollte. Aber die FDP hat ihn damals loyal mitgewählt, auch mit Blick auf die Bundestagswahl 2009 und die Chancen von Schwarz-Gelb. 2013 wurden von Seiten der Union Bundestagspräsident Norbert Lammert und der Präsident des Bundesverfassungsgerichts, Andreas Voßkuhle, ins Gespräch gebracht, die aber beide nicht wollten. Aber bei uns gab es, wie gesagt, große Sympathien für Joachim Gauck.

Aber er war zunächst der Kandidat von Rot-Grün.

Wir brauchten eine überzeugende Persönlichkeit. Das hat die

Union dann auch so gesehen und Gauck schließlich selber mit-vorgeschlagen.

Aber die FDP war vorgeprescht und hatte die Union in gewisser Weise in Zugzwang gebracht.
Ja.

Die Wahl des Bundespräsidenten ist häufig eine Weichenstellung für eine Koalition. Das war bei Gustav Heinemann so, auch bei Horst Köhler. Der Einsatz für den rot-grünen Kandidaten Gauck hätte eigentlich nur Sinn gemacht, wenn die FDP sich eine Option für eine „Ampel" hätte eröffnen wollen.
Nein, wir wollten einen Kandidaten, der von seinem Lebensweg her für Freiheit stand, der das auch vermitteln konnte. Diese, unsere Erwartungen hat der Bundespräsident auch in der Praxis erfüllt. Außerdem hatte die CDU/CSU keine in dieser Art vergleichbare Persönlichkeit als Kandidaten anzubieten.

Spielte nicht auch der Gedanke eine Rolle, mit unserem Votum für Gauck zahlen wir es Merkel und der CDU heim, dass sie uns die ganze Zeit gepiesackt haben? Die Äußerung von Philipp Rösler, Merkel sei es ergangen wie einem Frosch, der gar nicht merkte, wie das Wasser, in dem er saß, erhitzt wurde, sprach doch Bände.
Im Nachhinein war Rösler über seine Äußerung nicht glücklich. Er ist da wohl aus der Euphorie der Stunde heraus übers Ziel hinausgeschossen. Er stand ja auch ganz fest zu dieser Koalition. Aber dass einige von uns der Meinung waren, wir müssten in der Koalition auch mal Pflöcke einschlagen, trifft sicherlich zu.

Trotz allen Streits stand die FDP im Sommer des Wahljahres 2013 bei dem von ihr eigentlich abgelehnten Betreuungsgeld

in Treue fest zur Koalition. Galt hier der Satz, der Treue ist der Dumme?

Vielleicht etwas. Wir wollten das Betreuungsgeld nicht, hielten es für falsch. Aber da bin ich ein konservativer Liberaler. Meine Lebenserfahrung aus 40 Jahren Politik lautet: Du kannst im Koalitionsvertrag getroffene Vereinbarungen im Einvernehmen mit dem Partner wieder ändern. Aber was vereinbart ist, muss auch eingehalten werden – dem Wortlaut und dem Geiste nach.

Würden Sie sagen, Ihre Loyalität ist von der anderen Seite belohnt worden?

Wenn ich sehe, dass einige wesentliche Teile des Koalitionsvertrages nicht eingehalten wurden, dann muss ich mit Nein antworten.

Sie haben in der Endphase des Wahlkampfes jede andere Koalition als Schwarz-Gelb kategorisch ausgeschlossen. Ihr Koalitionspartner CDU/CSU hat für den Tag nach der Wahl jede Koalitionsmöglichkeit offen gehalten.

Die Haltung der CDU/CSU war für uns nicht schön, aber sie war legitim. Wir wollten, dass die Wähler wissen, wir stehen nur für eine schwarz-gelbe Koalition zur Verfügung, sonst nicht. Die Union ist mit ihrer Strategie besser gefahren.

9. Blick zurück im Zorn: Liberale unter sich

„Und die FDP hat in der Art ihres Auftretens abstoßend ge-wirkt. Durch unsensible Formulierungen und durch falsch gewählte Prioritäten, sodass die Wähler und selbst manches Mitglied einen Neustart erzwingen wollten." (…)

„Wenn eine Partei miteinander umgeht als seien das alles Ego-Taktiker, dann entsteht der Eindruck, dass diese Partei kalt ist und offensichtlich auch für das Gesellschaftsbild ei-ner Wolfsgemeinschaft, eines Rudels steht. Wer will so leben in einer zivilisierten, wohlhabenden Gesellschaft? Der Ein-druck der Kühle und der mangelnden Sensibilität ist in mei-nen Augen nicht mit unseren politischen Positionen verbun-den, sondern viel stärker mit der Art, wie wir miteinander umgegangen sind."

(Christian Lindner in der „Süddeutschen Zeitung" vom 4. Dezember 2013)

Als Guido Westerwelle 2001 Parteivorsitzender wurde, sagte er: „Auf jedem Schiff, das dampft und segelt, gibt es einen, der die Sache regelt. Und das bin ich." War die FDP von da an eigentlich nicht eine Ein-Mann-Show und auch eine Ein-Themen-Partei?

Den Satz hat Guido Westerwelle meiner Erinnerung nach von Jürgen Möllemann übernommen, der ihn auf einem ande-ren Parteitag gebrauchte. Alles auf eine Person zuzuschneiden, ist für eine kleine Oppositionspartei nicht falsch. Denn sie kann nicht mit fünf oder zehn Leuten und vier, fünf Themen gleichzeitig reüssieren. Sie muss verdichten. Und in der Zuspitzung auf Steuerthemen steckt ja mehr als „mehr netto vom brutto". Steuern stehen letztlich für ein Gesellschaftsbild. In welchem Umfang kann der einzelne Bürger über das entscheiden, was er sich erarbeitet? In welchem Umfang tun es andere, weil sie ihn für zu blöd halten, es selbst machen zu können? Das ist wirklich eine Grundsatzfrage, bei der man vieles subsumieren kann, zum Beispiel Fragen der Gerechtigkeit, der Leistungsfähigkeit oder des Wachstums. Wir haben diese Fokussierung auch mitgemacht. Das war kein Alleingang Westerwelles. Dahinter standen das Präsidium, der Vorstand und auch der Parteitag. Wir hatten mit dieser Strategie auch Erfolg.

Die FDP war mit Westerwelle in der Tat sehr erfolgreich. Konnte er 2009 nach den 14,6 Prozent mehr oder weniger allein bestimmen, was im Koalitionsvertrag steht und wer was wird?

Er war natürlich die dominante Figur, genoss in der Partei höchste Bewunderung bis hin zur Verehrung, auch in der Öffentlichkeit. Wenn jemand eine kleine Partei, die elf Jahre lang in Opposition war, auf 14,6 Prozent hoch bringt ...

... noch besser als Erich Mende 1961 mit 12,1 Prozent ...

... ja, noch besser als Mende. Deshalb hat er 2009 auch die Koalitionsverhandlungen geprägt und auf unserer Seite in gewisser Weise dominiert. Auch da gibt es keine Ausreden. Das haben unsere Vertreter in den Koalitionsverhandlungen und auf einem Parteitag alle einstimmig mitgetragen, mich eingeschlossen.

Guido Westerwelle schrieb im Februar 2010, kaum war er im Amt, in der „Welt" über die Karlsruher Hartz-IV-Entschei-

dung, diese trage sozialistische Züge. Und wörtlich: „Wer dem Volk anstrengungslosen Wohlstand verspricht, lädt zu spätrömischer Dekadenz ein." Man könnte fast sagen, von da an ging's bergab.

Dieser Satz hat unsere Grundeinstellung, in erster Linie auf das Individuum, auf die eigene Anstrengung zu setzen, dermaßen überhöht, dass die Stimmung gegen uns gekippt ist. Die Diskussion, ob der Wohlfahrtsstaat aus dem Ruder gelaufen ist, ob man staatliche Hilfe nicht stärker auf die wirklich Bedürftigen zuschneiden müsste, ob es nicht zu viele Trittbrettfahrer gibt, ist ja alt. Otto Graf Lambsdorff sprach von der sozialen Hängematte. Aber Westerwelles Äußerungen waren überzogen und haben sicherlich in der Öffentlichkeit dazu beigetragen, dass unsere politischen Ziele ein Stück weit diskreditiert wurden.

Es war auch historisch falsch. Dekadent lebten im alten Rom die Angehörigen der Oberschicht, nicht die Plebejer.

Stimmt. Aber die Oberschicht bestimmte die Politik. Guido Westerwelle wollte wohl sagen, dass das römische Reich untergegangen ist, weil es seinen eigenen Erfolgsprinzipien untreu geworden ist. Als „Brot und Spiele" das Leitmotiv wurden, schwächte Rom sich selbst.

Dann kam der 10. Mai 2010 mit der Landtagswahl in Nordrhein-Westfalen. Die FDP schnitt mit 6,8 Prozent etwas besser ab als fünf Jahre zuvor mit 6,2 Prozent. Aber es war ein dramatischer Einbruch gegenüber den 14,9 Prozent in NRW bei der Bundestagswahl 2009. Da hätten doch die Alarmglocken schrillen müssen.

Nordrhein-Westfalen war für uns nie leicht, insbesondere nicht im Ruhrgebiet. Die Ergebnisse dort lagen meistens in der Größenordnung von sechs oder sieben Prozent. Es gab eigentlich nur zwei Ausreißer nach oben: bei der Landtagswahl 2000 mit Möllemann und bei der Bundestagswahl 2009. Deshalb schrillten keine Alarmglocken. Wir dachten, die 6,8 Prozent seien eher ein normales Ergebnis.

Die FDP hat sich von da an nicht mehr von den schlechten bundesweiten Umfragewerten erholt. Der frühere stellvertretende FDP-Vorsitzende Holger Zastrow beschreibt die vergangenen Jahre so: „Wir sind niemals zu einer vernünftigen, fairen, kameradschaftlichen Zusammenarbeit in unseren eigenen Spitzengremien und mit dem Koalitionspartner gekommen. Das war immer von einem tiefen Misstrauen geprägt." Stimmt das? War die FDP bald nach ihrem Wahlsieg von 2009 ein zerstrittener Haufen?

Holger Zastrow kennt nur die Zeit nach der Wiedervereinigung. Es gab und gibt in den Spitzengremien, auch bei anderen Parteien, immer ein Stück Rivalität. Das war schon zu Zeiten von Genscher, Möllemann und Bangemann nicht anders. Für Holger Zastrow war es sicher ein neues Phänomen, dass man sich überlegen musste, was man im Präsidium sagt, damit man es nicht am Nachmittag schon über die Agenturen irgendwo liest. Diese Indiskretionen und Durchstechereien haben uns sehr geschadet.

Bei den Hamburger Bürgerschaftswahlen im Februar 2011 gab es mit 6,4 Prozent noch mal einen kleinen Erfolg für die FDP. Wir waren zwei Legislaturperioden nicht in der Bürgerschaft. Und haben dann mit einer bis dato unbekannten Spitzenkandidatin, Katja Suding, einen großen Erfolg errungen. Das zeigte, man kann auch bei schwierigen Ausgangslagen durchaus gewinnen. Das machte uns wieder Hoffnung.

Dann kamen die Landtagswahlen in Sachsen-Anhalt im Februar und im März in Baden-Württemberg und Rheinland-Pfalz. Überall drohten der FDP herbe Verluste. Die

Bundes-FDP machte damals den Eindruck, man warte die Wahlniederlagen ab, um endlich Westerwelle loszuwerden.

Es war eher umgekehrt. Wir hatten die Hoffnung, dass sich bei einigermaßen vernünftigen Ergebnissen die Partei stabilisiert. In der Partei gärte es regelrecht. Die Umfrage-Ergebnisse waren sehr bescheiden. Das beunruhigte die Partei. Nicht nur viele der 2009 erstmals gewählten Bundestagsabgeordneten sorgten sich um ihre Wiederwahl. Selbst die Kommunalpolitiker hatten Angst. Sicherlich wurde an Veränderungen gedacht, auch in der Frage des Bundesvorsitzenden. Aber alle wollten die Landtagswahlen abwarten.

In Sachsen-Anhalt und selbst in Rheinland-Pfalz flog die FDP aus dem Landtag, in ihrer Hochburg Baden-Württemberg stürzte sie auf 5,3 Prozent ab. Das löste dann den Aufstand der „Boy Group" – Lindner, Rösler, Bahr – aus. Wer war dabei die treibende Kraft?

Die drei hatten zusammen ein Buch geschrieben über den mitfühlenden Liberalismus – sinngemäß. Meines Wissens gehörte auch Patrick Döring zu diesem Kreis, der über neue Wege nachdachte. Sie alle wollten, dass die FDP sich verändert, um aus dem Tief herauszukommen. Zudem hatten sie natürlich auch eigene Interessen.

Eigene Interessen in Bezug auf ihre eigenen Karrieren?

Ja. Philipp Rösler wurde Wirtschaftsminister und Vizekanzler, Daniel Bahr stieg vom Parlamentarischen Staatssekretär zum Gesundheitsminister auf.

In ihrem Buch kritisieren Lindner, Rösler und Bahr die thematische Verengung der FDP, die exklusive und dauerhafte Bindung an einen Koalitionspartner sowie die Radikalisierung von Programm und Rhetorik. Ist es nicht ungewöhnlich, dass ein Generalsekretär der FDP an einem Buch mit-

125

schreibt, dessen zentrale Aussage lautet: Der Verein, in dem ich eine wichtige Führungsaufgabe wahrnehme, macht eigentlich alles falsch?

Christian Lindner war nur einer von drei Autoren. Das Buch war schon deshalb merkwürdig, weil die Autoren eigentlich genau das Rezept kritisierten, mit dem wir die Bundestagswahl 2009 gewonnen hatten. Sie propagierten einen „mitfühlenden Liberalismus". Der Begriff lehnte sich an die amerikanische Formel vom „compassionate conservatism" an. Sie meinten, wir kämen mit einem verbindlicheren, weicheren Ton aus unserem Umfragetief heraus. Zumal der Parteivorsitzende mit der „spätrömischen Dekadenz" den Bogen überspannt hatte.

Sie selber waren skeptisch, sprachen vom „Säuselliberalismus".

Ja, ich meine, man muss Klartext sprechen, ohne dabei andere zu verletzen. Selbst wenn man etwas hart und deutlich ausspricht, wollen auch FDP-Wähler nicht als sozial kalt eingestuft werden.

Lindner, Rösler und Bahr haben sich schließlich durchgesetzt, Westerwelle hat den Parteivorsitz geräumt. Hat in der FDP eigentlich niemand gesehen, dass eine Gruppe von Dreißigjährigen ohne nennenswerte Berufserfahrung und ohne längere politische Praxis trotz aller Intelligenz nicht das ausstrahlt, was traditionelle bürgerliche Wähler von „ihren" Politikern erwarten, nämlich eine gewisse Souveränität und Seriosität.

Das Konzept ging ja nicht auf. Wir haben uns ja nach dem Personal-Revirement in den Umfragen nicht verbessert.

Für Sie war in der Neuaufstellung kein Platz vorgesehen. Sie sollten Ihr Ministeramt abgeben.

Es wurde ja von dem einen oder anderen FDP-Kollegen in journalistischen Hintergrundkreisen auch Stimmung gegen mich gemacht. Genau lässt sich das nicht nachweisen. Jedenfalls war die Neuaufstellung kein offener Prozess. Denn die drei haben mit Westerwelle einen Deal gemacht: er gibt den Parteivorsitz ab, bleibt aber Außenminister.

Sie mussten als Wirtschaftsminister gehen. Zugleich haben Sie öffentlich erklärt, gegen die damalige Fraktionsvorsitzende Birgit Homburger würden sie auf keinen Fall antreten. Wie haben Sie es trotzdem geschafft, Fraktionschef zu werden?

Es war nachvollziehbar, dass der damals in der Partei sehr populäre Philipp Rösler nicht Gesundheitsminister bleiben konnte. Als Vorsitzender des Koalitionspartners und Vizekanzler brauchte er ein größeres, wichtigeres Ressort. Deshalb wollte er Wirtschaftsminister werden. Das hat er mir damals in einem menschlich anständigen Vier-Augen-Gespräch so erklärt und mir später den Fraktionsvorsitz angeboten. Der Abschied aus dem Wirtschaftsressort ist mir nicht leicht gefallen, ich hätte gerne weitergemacht. Aber Röslers Wechselwunsch machte ja Sinn. Deshalb habe ich mich, wenn's auch weh' getan hat, der Parteidisziplin gebeugt.

Also musste Frau Homburger weichen.

Ich habe Philipp Rösler sehr deutlich gesagt, dass ich auf keinen Fall in einer Kampfabstimmung gegen Birgit Homburger antreten würde. Sie hatte auch in schwierigen Zeiten immer zu mir gestanden. Deshalb hat er sie in Vier-Augen-Gesprächen dazu bewegt, den Fraktionsvorsitz abzugeben und ihr die Perspektive eröffnet, als Staatsministerin im Auswärtigen Amt für Europafragen Nachfolger von Werner Hoyer zu werden. Zudem wurde Birgit Homburger ständiges Mitglied im Koalitionsausschuss. Sie stand für das Amt der Staatsministerin aber nicht zur Verfügung. Es wurde dann mit Michael Link aus ihrem Landesverband Baden-Württemberg besetzt.

Sie mussten nicht nur Ihr Wunschressort aufgeben. Auch in der neuen Parteispitze war für sie als stellvertretender Vorsitzender kein Platz mehr.

Das war kein Problem, weil der Fraktionsvorsitzende qua Amt, Sitz und Stimme im Präsidium hat. Zudem hat der Fraktionsvorsitzende in der Partei ein ganz anderes Gewicht als einer von drei stellvertretenden Parteivorsitzenden.

Wie hätten Sie eigentlich reagiert, wenn Rösler Ihnen nicht eine einvernehmliche Lösung angeboten hätte?

Ich hätte gekämpft. Ich wäre als Wirtschaftsminister nicht zurückgetreten und hätte auch wieder für das Amt des stellvertretenden Bundesvorsitzenden kandidiert. Ich bin mir ziemlich sicher, dass es in der Fraktion keine Mehrheit gegeben hätte, Frau Merkel aufzufordern, dem Bundespräsidenten meine Entlassung vorzuschlagen. Also: Ich hätte gekämpft.

Es gab Gerüchte, eigentlich sei Daniel Bahr als Fraktionsvorsitzender vorgesehen gewesen.

Das hätte er ruhig versuchen können. Dann wäre es zu einer Kampfabstimmung gekommen.

Halten wir also fest: Rösler, Lindner, Bahr, Döring und auch Westerwelle wollten Sie aus dem Kabinett und dem Parteipräsidium rausdrängen. Sie waren in deren Augen offenbar eine Altlast. Wenn Sie nicht gekämpft hätten, wären Sie im Frühjahr 2011 ein einfacher Abgeordneter gewesen, mehr nicht. Kann man mit solchen „Parteifreunden" hinterher eigentlich vertrauensvoll zusammenarbeiten?

Die Absichten und die Interessen der Genannten waren sehr unterschiedlich. Rivalitäten sind in einer Partei nichts Ungewöhnliches. Man muss nur damit umgehen können.

Sicherlich haben Sie bald festgestellt, dass man als Fraktions-vorsitzender einen ganz anderen Einfluss hat als ein einfaches Kabinettsmitglied.

Gerade in einer Koalitionsregierung spielen die Fraktionsvorsitzenden eine wichtige Rolle. Sie sind auch in den Koalitionsrunden – anders als die meisten Kabinettsmitglieder – immer dabei. Von den faktisch drei Fraktionsvorsitzenden – Volker Kauder, Gerda Hasselfeldt und Brüderle – wurde die Zusammenarbeit der Regierungsfraktionen organisiert. Das hat recht gut geklappt, auch menschlich. Auch die FDP-Fraktion wurde stabiler und geschlossener.

Im Herbst 2011, bei Halbzeit der Legislaturperiode, bot die FDP folgendes Bild: In der Steuerpolitik stand sie mehr oder weniger mit leeren Händen da. Trotz des Wechsels an der Spitze lag die Partei in Umfragen bei fünf Prozent oder darunter. In der Euro-Frage war die Partei zerrissen. Man hatte den Eindruck, die FDP trieb führungslos vor sich hin.

Die schlechten Ergebnisse bei den Landtagswahlen und die schlechten Umfragewerte haben uns schon schwer zu schaffen gemacht.

Es passte irgendwie zum Krisenjahr 2011, dass Christian Lindner Mitte Dezember als Generalsekretär zurücktrat, und zwar ohne plausible Begründung.

Er ist einen Tag vor Bekanntgabe des Ergebnisses des Mitgliederentscheids zum ESM zurückgetreten. Ich war auch überrascht, als er mich kurz vor seinem Pressestatement telefonisch darüber informierte. Mein Eindruck war, dass er und der Parteivorsitzende sich irgendwie auseinander gelebt hatten. Sein Handlungsspielraum war sehr eingeengt.

Lindner kam damals in der Öffentlichkeit viel besser an als Rösler. Wenn so jemand dann sein Amt hinwirft, kann man nur sagen: Gute Nacht!

Christian Lindner hat als Generalsekretär eine gute Figur gemacht. Aber er litt nach meiner Beobachtung darunter, dass seine Vorstellungen in der engeren Parteiführung oft abgeblockt wurden. Sicherlich spielte beim Rücktritt auch Frust über die Lage der Partei eine Rolle, ebenso sein begrenzter Spielraum bei Kampagnen.

Die Art und Weise seines Rücktritts hat der Partei doch geschadet.

Hilfreich war das nicht. Er war ja noch von Guido Westerwelle berufen worden und wollte dem neuen Vorsitzenden die Möglichkeit zu einer Neubesetzung geben.

Die FDP hatte 2012 ein Zwischenhoch in Nordrhein-Westfalen und in Schleswig-Holstein. Mit den Spitzenkandidaten Christian Lindner und Wolfgang Kubicki kamen die Liberalen auf 8,6 bzw. 8,2 Prozent. Haben Lindner und Kubicki den moderneren, frecheren Wahlkampf gemacht als der Spitzenkandidat Brüderle? Wolfgang Kubicki hat sich nicht lange mit Ordnungspolitik aufgehalten. Der hat auf die Umfragezahlen geschaut und gesagt, na gut, dann sind wir halt für eine Erhöhung des Spitzensteuersatzes. Was lehrt uns das?

Ob das den Erfolg gebracht hat, bezweifle ich. Lindner und Kubicki sind zwei Politiker-Typen, die sich von den meisten anderen unterscheiden. Lindner ist jung und smart. Er hat die Leute im Wahlkampf mit seinem Charme und seiner Rhetorik regelrecht begeistert. Seine Wahlversammlungen waren überfüllt. Kubicki war immer schon ein gewisses Original, der sich gerne gegen den „Mainstream" stellte, auch in der Partei. Kubicki ist authentisch, einfach ein Kerl, ein Kontrast zu den vielen abgeschliffenen Typen. Vor allem aber waren die Konstellationen bei diesen Landtagswahlen völlig anders als 2013 im Bund. Die CDU in NRW hatte mit Norbert Röttgen einen Spitzenkandidaten, der nicht wusste, wo sein künftiger Platz sein werde, ob in Düsseldorf oder Berlin. Er kam auch mit seiner Betonung des Umweltthemas bei der eigenen Klientel nicht an. In Schleswig-Holstein hatte die CDU kurz vor der Wahl ihren Spitzenkandidaten von Boetticher wegen einer Liebesaffäre auswechseln müssen und in der SPD gab es einen internen Kampf zwischen dem Ministerpräsidentschaftskandidaten Albig und dem Landesvorsitzenden Stegner. Bei der Bundestagswahl hatten wir es dagegen mit einer geschlossenen CDU zu tun, nicht vergleichbar mit der Union in Nordrhein-Westfalen und Schleswig-Holstein. Vor allem war die Kanzlerin nicht vergleichbar mit den CDU-Spitzenkandidaten in Kiel und Düsseldorf. Das mindert aber nicht die Leistungen von Lindner und Kubicki, die auch meine Hochachtung haben.

Interessanterweise waren Lindner und Kubicki nach der verlorenen Bundestagswahl die schärfsten Kritiker der Bundespartei. Kubicki sagte, die FDP wurde wahrgenommen als Partei der großen Banken und der großen Konzerne. Die neu aufgestellte FDP dürfe „nicht mehr ganz so großmäulig, nicht mehr ganz so rechthaberisch" auftreten. Lindner verwendete für seine Partei die Begriffe „zu schrill", „zu großspurig" und sogar „abstoßend". War der Spitzenkandidat Brüderle zu großmäulig, zu schrill und abstoßend?

Ich glaube nicht, dass das auf mich persönlich gemünzt war. Aber irgendetwas haben wir ja falsch gemacht, sonst hätten wir nicht so schlecht abgeschnitten. Wir sprachen ja schon über misslungene Sprachbilder wie „spätrömische Dekadenz" oder „Anschlussverwendung" für arbeitslose Frauen. Das waren schon schrille Töne, auch der Vergleich zwischen Angela Merkel und einem Frosch im heißen Wasser. Die Wortwahl ist ein Punkt, aber nicht der entscheidende. Es hat sicherlich eine Rolle gespielt, dass das, was freiheitliche Politik ausmacht, heutzutage weniger geschätzt wird. Da finden klare, bisweilen auch harte Forderungen nicht mehr so viel Beifall wie früher.

Auf wen kann denn Lindners Äußerung vom letzten Parteitag, „die FDP muss nur fürchten, für nichts zu stehen", gemünzt gewesen sein, wenn nicht auf den Spitzenkandidaten und den bisherigen Parteivorsitzenden?

Das kann sich nur reflektierend auf die gesamte bisherige Parteiführung bezogen haben. Der hat auch Christian Lindner als erster stellvertretender Bundesvorsitzender und starker Partei- und Fraktionsvorsitzender in NRW angehört.

Kurz vor seinem Rücktritt als Generalsekretär hat Patrick Döring der FDP Rassismus im Umgang mit Philipp Rösler vorgeworfen. An Stammtischen hätten Liberale von „dem Vietnamesen" gesprochen, und manche Abgeordnete hätten dem nur halbherzig widersprochen. Das wurde in den Medien auch auf Ihre Äußerung aus dem Jahr 2012 bezogen, als sie sagten „Glaubwürdigkeit gewinnt man, indem man nicht wie Bambusrohre hin und her schwingt, sondern steht wie eine Eiche". Deswegen sei „die Eiche hier heimisch und nicht das Bambusrohr."

Meine Äußerung auf dem hessischen Landesparteitag war ganz gewiss nicht auf Philipp Rösler bezogen und ist auch so nicht verstanden worden. Mir hat noch nie jemand Rassismus vorgeworfen. Wer mich kennt, weiß, dass das völlig absurd wäre.

Die FDP hatte es bei der Wahl 2013 schwerer als früher, aus vielerlei Gründen. Für viele Menschen ist Sicherheit wichtiger als Freiheit, und die Mehrheit der Journalisten tickt eher rot-grün als schwarz-gelb. Und trotzdem: Wenn man nach

der Ursache der Wahlniederlage forscht, muss die FDP dann nicht sagen: Wir haben es selber gemacht?

Ja. Man kann nicht alles auf andere schieben. Ich neige auch gar nicht dazu, mich an die Klagemauer zu stellen und mich über den Koalitionspartner auszulassen. Sicherlich hat das überragende Ergebnis von 2009 uns leichtsinnig werden lassen. Man kann tausend Gründe für unsere Niederlage anführen. Es gibt nicht den „einen" Grund. Wir haben unsere Chancen nach 2009 nicht in dem Umfang genutzt, wie wir es hätten tun können, ja wie wir es hätten tun müssen.

10. Blick nach vorn:
Die FDP wird noch gebraucht

„Schlimm, wenn sich eine Gesellschaft Freiheit nicht mehr zutraut. Das überwältigende Maß an Möglichkeiten hat allerdings eher mit Entgrenzung zu tun als mit der Schaffung und Wahrung tatsächlicher Freiheit. Die Machtausdehnung einiger weniger Global Player in der Wirtschaft ist geradezu das Gegenteil von Liberalismus. (…) Es geht um die Mündigkeit des Einzelnen und den Schutz vor Machtkonzentration in der Hand weniger. Es geht darum, dass dem Bürger zugetraut wird, dass er besser als andere über sich entscheiden kann."

(Die Schriftstellerin Nora Bossong darüber, „Was uns fehlen wird, wenn uns der Liberalismus fehlen wird", in: „Die Zeit" vom 14. November 2013)

Bedeuten die 4,8 Prozent das „Aus" für den organisierten Liberalismus?
Ich bin überzeugt, das ist nicht der Fall. Es zeigt sich schon nach wenigen Monaten Großer Koalition, dass das liberale, dass das marktwirtschaftliche, das freiheitliche Element in der Politik vermisst wird.

Frau Köcher vom Institut für Demoskopie Allensbach hat nach der Wahl in ihrer Analyse geschrieben, in der gesellschaftlichen Diskussion spiele Freiheit seit langem kaum noch eine Rolle. Das wird sich wohl auch nach der Neuaufstellung der FDP nicht sofort ändern.

Man führt den Wahlkampf nicht um philosophische Grundsatzfragen. Man muss immer wieder ganz konkret sein: Bekommen wir mehr Arbeitsplätze mit stärkerer staatlicher Regulierung der Wirtschaft? Oder eher, wenn wir die Bürokratie zurückdrängen? Fördern wir das Wachstum durch höhere Steuern, oder indem wir den Menschen die Entscheidung überlassen, wofür sie ihr Geld ausgeben? Der Freiheitsbegriff ist zu abstrakt, zu weit weg für viele Menschen. Er muss sich immer auf spezifische Fragestellungen beziehen. Liberales Verständnis von Freiheit muss sich möglichst konkret auf die Lebenssituationen der Menschen beziehen.

Sie kommen aus einer Einzelhandelsfamilie …
… mein Vater hatte ein Textilgeschäft in Landau.

Wenn die Stammkunden weg bleiben: Liegt es dann an den falschen Produkten oder an der Schaufensterdekoration?
An beidem. Es können die Produkte sein, die die Leute nicht wollen. Es kann aber auch an der Art der Präsentation liegen. Die FDP hatte immer so um die drei Prozent Stammwähler. Sie musste sich immer aus der Wechselwählerschaft durch entsprechende Themen, durch überzeugende Personen das erarbeiten, was sie an Stammwählern nicht hatte. Andere Parteien trifft das auch, stärker als früher. Wir haben eine – in Anführungszeichen – Säkularisierung des Wählerverhaltens: Nicht jeder Katholik wählt CDU, nicht jeder Gewerkschaftler SPD. Der Anteil der Wechselwähler wird sich weiter erhöhen, darauf müssen wir unsere Wahlkämpfe ausrichten.

Worin besteht heute der Markenkern der FDP?
Der ist unverändert: Wir haben Achtung vor den Menschen, wir wollen ihnen einen möglichst weiten Spielraum geben, sie sollen selbst Schmied ihres Glückes sein. Wir sind für wirtschaftlichen Wettbewerb, weil der auch für eine gewisse Machtbalance

sorgt. Der Ordnungspolitiker Franz Böhm hat den Wettbewerb zu Recht als „das großartigste und genialste Entmachtungsinstrument der Geschichte" bezeichnet. Wir Liberale stehen für eine Haltung im Sinne von John F. Kennedy: „Frage nicht, was dein Land für dich tun kann – frage dich, was du für dein Land tun kannst." Wir wollen eine Gesellschaft, in der weder die Mentalität des Handaufhaltens vorherrscht noch das gebückte Gehen, damit man die Schilder an den Amtsstuben besser lesen kann. Diese Einstellungen entsprechen nicht unserem Menschenbild. Unser Ideal ist der Citoyen, der selbstbewusste Bürger. Wir machen uns da nichts vor: Die Freiheit hat sich nicht zu Tode gesiegt, sie ist immer gefährdet. Freiheit geht oft schleichend verloren. Und der Verlust wird meistens erst dann bemerkt, wenn er schon erheblich ist. Die Geschichte geht weiter. Die Herausforderungen kommen in neuen Gewändern.

Gefahr in neuen Gewändern ist ein gutes Stichwort. Früher setzten sich die Liberalen für die Freiheit des Einzelnen gegenüber dem Staat ein. In den neunziger Jahren hat die FDP aber den so genannten großen Lauschangriff befürwortet, weil sie zu Recht sagte, nur der Staat kann den Einzelnen vor der organisierten Kriminalität schützen. Das gilt in der gleichen Weise beim Kampf gegen den internationalen Terror. Inzwischen droht der Staat – Stichwort NSA – wieder übermächtig zu werden.

Ja, es scheint eine Tendenz zu einem übermächtigen Staat zu geben. Wenn ein Staat wie die USA offensichtlich mit monopolistischen Technologiekonzernen und sozialen Netzwerkstrukturen – Google, Twitter, Facebook – eng kooperiert, entsteht eine neue Form von Übermacht: der neue Leviathan. Man könnte die Renaissance eines neuen Imperiums daraus ableiten, eine neue Machtkonstellation: heute amerikanisch, morgen vielleicht chinesisch oder russisch. Wir wissen nicht, was die Zukunft bringt. Aber heute dominieren auf diesem Feld die

Aufbruch" muss die Regeln unserer innerparteilichen Demokratie akzeptieren.

**Hans-Dietrich Genscher hat vorgeschlagen, Schäffler aus
der FDP auszuschließen, der neue Vorsitzende Lindner hat
betont, auch für Schäffler sei in einer liberalen Partei Platz.
Könnte Schäffler nicht jemand sein, der Euro-Skeptiker an
die FDP bindet?**
Nur, wenn er die Haltung „Europa ja, aber anders" verkörpert.

**Ohne die AfD wäre die FDP über 5 Prozent gekommen.
Darüber haben wir bereits gesprochen. Ist die AfD jetzt der
Hauptgegner der FDP?**
Die AfD ist eine Partei, die keine Lösung hat. Zurück zur
D-Mark? Austritt Griechenlands aus dem Euro? Das sind alles
keine realistischen Lösungen. Aber die AfD greift das in der Öf-
fentlichkeit weit verbreitete Gefühl auf, dass mit der Architektur
der europäischen Gemeinschaftswährung etwas nicht in Ord-
nung ist. Diesem Thema muss sich die FDP verstärkt annehmen.
Es geht nicht an, dass Euro-Länder ihre eigenen Fehler von den
anderen ausbügeln lassen. Das hat die FDP immer vertreten.
Wir müssen das noch deutlicher herausstellen als bisher.

**Ende Mai 2014 stehen die Wahlen zum Europäischen Parla-
ment an. Da spielen Koalitionsüberlegungen und so weiter
keine Rolle. Da können die Menschen ihrem Euro-Frust per
Stimmzettel Luft machen. Muss die FDP nicht befürchten,
am 25. Mai von der AfD überholt zu werden?**
Ich bin kein Hellseher. Die FDP darf nicht ängstlich nach
anderen Parteien und deren Chancen schielen, sondern muss
selbstbewusst für ihre eigenen Vorstellungen kämpfen. Wir
wollen Europa, aber ein verbessertes Europa, ein Europa mit
klaren Regeln. Ich halte auch nichts davon, dass wir unsere
Grundsätze wegen einiger Rechtspopulisten aufgeben. Aus frü-

Amerikaner. Hier eröffnet sich für Liberale ein neues Feld. Der Kampf für Bürgerrechte ist keineswegs zu Ende und gewonnen. Der muss täglich neu geführt werden.

Die Liberalen waren immer dagegen, dass der Staat den „gläsernen Menschen" schafft. Jetzt hat die Wirtschaft ihn geschaffen. Wir beide wissen zum Beispiel nicht, was die Apples oder Microsofts dieser Welt von uns registrieren, welche Daten über uns sie an andere verkaufen. Ob ich die Ortungsfunktion auf meinem Smartphone ein- oder ausschalte, ist wahrscheinlich gleichgültig – „Big Brothers are watching us".

Marktbeherrschende Unternehmen oder gar Monopolisten sind immer eine Gefahr für die Freiheit. Was haben wir gemacht gegen Marktmonopole in den alten Industrien? Wir haben Entflechtungen durchgeführt, haben Kartellgesetze, Anti-Trust-Gesetze verabschiedet. Auf die neuen High-Tech-Monopolisten müssen wir im Kern mit denselben Mitteln antworten. Die Bürger müssen sich mit Hilfe des Rechtsstaats gegen übermächtige Konzerne wehren können.

Der deutsche Gesetzgeber kann den US-Unternehmen Apple und Microsoft gar nichts vorschreiben.

Wir müssen Visionen haben. Wir sind auf dem Weg zur Welt-Innenpolitik. Wir brauchen eine internationale Instanz. Zuerst einmal auf europäischer Ebene. Ich bin übrigens überzeugt, die Amerikaner werden eines Tages ebenfalls ein Bewusstsein für die Gefahren entwickeln, die hier drohen. Die Amerikaner neigen ja dazu, in der Wirtschaft vieles erst einmal laufen zu lassen. Aber wenn Unternehmen ihre Macht missbrauchen, schlagen sie zu. Dann wird entflochten, siehe ATT, siehe IBM. Meines Erachtens könnte Microsoft auch ein Entflechtungs-Kandidat werden. Wir müssen national wie in internationaler Zusammenarbeit alles tun, um diese Monopolisten, diese neuen „Feudalherren", in die Schranken zu weisen. Google darf nicht die Welt regieren.

Es gibt die These, die Union, die Sozialdemokraten und selbst die Grünen seien heute viel liberaler als vor dreißig Jahren. Daraus könnte man ableiten, die Liberalen haben gesiegt und sich damit überflüssig gemacht.

Eben nicht. Die anderen Parteien haben schon andere Leitbilder, stehen zum Beispiel für eine paternalistische Sozialpolitik, für mehr Eingriffe in die Wirtschaft, für Regulierung und Verbote. Diese Unterschiede müssen wir stärker herausarbeiten, nicht schroff, aber klar in der Sache. Es fördert übrigens nicht die Akzeptanz der Politik, wenn sich alle ständig umarmen. Es gilt, die Vorzüge des Wettbewerbs zu vermitteln.

Es gab in der FDP immer Richtungsdebatten und Richtungskämpfe. Rechnen Sie jetzt mit einem Kampf um die Seele der Partei zwischen Wirtschaftsliberalen, Sozialliberalen und den Euro-Skeptikern mit libertären Zügen?

Es hängt ja immer auch von den aktuellen Themen ab, welche Gruppierung innerhalb der Partei mehr Gewicht hat. Wir haben ja über NSA und die neuen Monopolisten wie Apple, Google und Microsoft gesprochen. Dadurch hat der Kampf für die Bürgerrechte wieder einen ganz anderen Stellenwert. Aber generell sollten wir als außerparlamentarische Opposition tausend Blumen blühen lassen, um daraus einen Strauß zu binden.

Frank Schäffler, der Euro-Skeptiker und Anführer der Libertären, ist auf dem Bundesparteitag im Dezember 2013 bei dem Versuch, ins Präsidium zu kommen, gescheitert. Aber zeigen seine 25 Prozent nicht zugleich, dass seine Gruppierung „Liberaler Aufbruch" doch recht stark ist?

Ja, aber es ist keine Mehrheitsposition. Auch der „Liberale

heren Europawahlen wissen wir, dass die Wähler bei dieser Gelegenheit gerne Denkzettel verteilen. So lagen die Republikaner mal bei 7 Prozent. So könnte auch der AfD ein ähnlich gutes Ergebnis gelingen.

Wäre das nicht ein schwerer Rückschlag, auch mit Blick auf die Landtagswahlen in Thüringen, Sachsen und Brandenburg in der zweiten Hälfte des Jahres 2014?

Ich stimme unserem neuen Bundesvorsitzenden Christian Lindner ausdrücklich zu: Die Schicksalswahl für die FDP ist die Bundestagswahl 2017. Aber auf dem Weg dorthin müssen wir in jeder Wahl mit vollem Einsatz um jede Stimme kämpfen.

Die AfD ist eine Partei, die für Marktwirtschaft steht, sogar die „flat tax" in ihrem rudimentären Programm hat. Damit spricht sie doch auch FDP-Wähler an.

Die AfD muss erst mal schauen, wie weit sie Ordnung in ihren eigenen Reihen schafft. Dort geht es ja recht chaotisch zu. Es ist offen, welche Kräfte sich da eigentlich sammeln. Die AfD macht manchmal den Eindruck einer sehr national ausgerichteten Formation. Ich bin dafür, dass wir unsere nationalen Interessen wahrnehmen. Aber wir brauchen keine neue Rechtsaußenpartei.

Wie muss denn marktwirtschaftliche Politik nach der Finanzkrise aussehen? Der Staat hat Banken gerettet. Das zeigt einerseits, dass der Staat stark ist, aber andererseits auch, wie abhängig er von den Banken ist.

Die Banken sind für die Wirtschaft das, was der Blutkreislauf für den Menschen ist. Wenn sie nicht mehr funktionieren, ist die Wirtschaft am Ende. Man kann über die Macht der Banken streiten. Die privaten machen nicht einmal ein Drittel der Branche aus. Bei uns sind zwei Drittel der Geldinstitute vergesellschaftet wie die Genossenschaftsbanken beziehungsweise verstaatlicht wie Sparkassen und Landesbanken. Der große Staatseinfluss hat aber zum Beispiel die Landesbanken nicht vor windigen Geschäften mit amerikanischen „Schrott-Papieren" bewahrt. Dafür musste dann der Steuerzahler geradestehen. Die Deutsche Bank dagegen hat keine staatliche Hilfe gebraucht und die Commerzbank hat die Einlagen des Bundes weitgehend zurückgezahlt.

Hat die deutsche Politik aus der Bankenkrise die richtigen Schlussfolgerungen gezogen?

Ich meine, ja. Wir haben ungedeckte Leerverkäufe unterbunden, den Hochfrequenzhandel stärker reguliert. Ich habe zurzeit allerdings den Eindruck, dass wir beim Wunsch nach mehr Regulierung dabei sind, zu überdrehen. Das Pendel schlägt meines Erachtens zu stark in die falsche Richtung aus. Da muss die FDP sehr wachsam sein.

Es gibt in der Bevölkerung eine große Unzufriedenheit über die Manager, ihre fürstlichen Bezüge, astronomische Abfindungen und äußerst üppige Pensionspläne. Hat sich nicht der Zusammenhang von Leistung und Bezahlung sowie von Bezahlung und Risiko völlig gelockert? Müssen einem überzeugten Marktwirtschaftler da nicht die Haare zu Berge stehen?

Da hat sich leider vieles verändert, und zwar nicht positiv. Die Prinzipien eines ehrbaren Kaufmanns, wonach man bestimmte Dinge nicht tut, ganz gleich ob sie legal sind oder nicht, sind in einzelnen Unternehmen in Vergessenheit geraten. Zu viele Manager bei uns orientieren sich eher am kurzfristig ausgerichteten angelsächsischen Modell: man nimmt, was man kriegen kann. Ich hatte deshalb große Sympathie für die erfolgreiche Schweizer Volksinitiative „Gegen Abzockerei". Die legte fest, dass die Hauptversammlungen der Unternehmen über Abfindungen für Manager befinden müssen. Diese Auffassung habe ich immer vertreten, die Eigentümer oder die Aktionäre sollen entscheiden, was ihre leitenden Angestellten verdienen. Bei uns entscheidet dagegen der Aufsichtsrat über die Vergütung und Versorgung von Managern. Vorgeklärt wird das zwischen Managern, Gewerkschaften und Betriebsräten. Da werden heimlich Entscheidungen zu Lasten Dritter getroffen. Der Eigentümer hat natürlich auch das Recht, sein Geld zum Fenster hinauszuwerfen – es ist sein Geld. Aber das muss er auch auf der Hauptversammlung erklären. Bei uns verteilen manche Betroffene das Geld unter sich. Damit muss Schluss sein.

Ist der Staat nicht schon deshalb stärker gefordert, weil wir weniger ehrbare Kaufleute haben als früher?

Das sieht momentan so aus. Das sah man beim so genannten Drehtür-Effekt bei Schlecker. Das Unternehmen entließ immer wieder Leute, um sie dann als temporär Beschäftigte mit Werkverträgen wieder einzustellen. Das riecht nach Missbrauch. Nun hat sich die Lage auch verändert. Als Hartz IV eingeführt wurde, hat man gesagt, es ist besser, wenn jemand Arbeit hat, aus seinem Arbeitsentgelt sechzig Prozent seines Lebensstandards finanzieren kann und 40 Prozent vom Staat dazu bekommt, als dass er arbeitslos ist. Heute wird das eher als Subvention für das Unternehmen gesehen.

Das hieß mal Kombilohn. Der galt als innovativ.

Richtig. Wir haben in den USA das Phänomen der „working poor". Dort gibt es eine Art „negative Einkommensteuer": Wer zu wenig verdient, der bekommt zusammen mit seinem Lohn einen staatlichen Zuschuss. Dahinter steckt das Kalkül: Lieber einen schlecht bezahlten Job als gar keinen. Bei uns läuft die Diskussion anders. Bei uns klagen die Linken die Unternehmen an, dass sie nicht allen höhere Löhne zahlen. Aus dieser linken Perspektive erwarten die bösen Unternehmer, dass der Staat ihre angeblichen Hungerlöhne aufstockt.

Es gibt aber Unternehmen, deren Geschäftsmodell basiert darauf, dass die Großzahl der Mitarbeiter aufstocken muss.
Wenn ein Unternehmer daraus ein Modell macht, pervertiert er die gesetzlichen Möglichkeiten. Da ist der Erfindungsreichtum mancher Firmen grenzenlos. Aber das könnte man begrenzen, indem man enge Fesseln anlegt, dass nicht mehr als fünf oder zehn Prozent einer Belegschaft Aufstocker sein dürfen. Es gibt bei BASF oder Daimler sicher niemanden, der mit 8,50 Euro in der Stunde nach Hause geht. Aber das Thema wird hochemotional diskutiert. Es wird immer ein Wettlauf sein zwischen der Politik, die Regeln setzt, und einer Minderheit von Unternehmern, die versuchen, sie zu missbrauchen. Das ist einfach nicht anständig. Deshalb war schon Walter Eucken bei extrem niedrigen Löhnen für einen Mindestlohn, aber eben nicht generell, sondern nur in den betroffenen Branchen.

Die Menschen erwarten in diesen unsicheren Zeiten mehr Schutz durch den Staat. Selbst die Mehrheit der FDP-Wähler ist für Mindestlöhne. Sind selbst die FDP-Anhänger verkappte Linke?
Das kommt darauf an, was man unter Mindestlohn versteht. Wir haben nichts gegen Mindestlöhne, wenn sie von Gewerkschaften und Arbeitgebern ausgehandelt werden. Wir sind soweit gegangen, dass wir gesagt haben, in Branchen, wo es keine Tarifvertragsparteien gibt oder wo zum Beispiel weniger als zehn Prozent der Arbeitgeber und Arbeitnehmer organisiert sind, da lassen wir den Mindestlohn von einer Kommission festlegen. Wobei ich strikt dagegen bin, dass der Mindestlohn trotz unterschiedlicher hoher Kosten in München genau so hoch ist wie in Brandenburg. Unser Vorschlag ist etwas anderes als ein Einheits-Mindestlohn. Bei uns legt nicht die Politik den Lohn fest.

Die Mehrheit der Deutschen befürwortet staatliche Eingriffe bei den Energiepreisen, eine Mietpreisbremse, staatlich festgelegte Höchstwerte für Managergehälter. Ist es Aufgabe der Liberalen, die Menschen vor sich selbst zu schützen?

Manchmal ja. Denn eine Mietpreisbremse führt dazu, dass die Renditen im Wohnungsbau sinken und weniger Wohnungen gebaut werden. Es gibt ja Länder wie Österreich, die Mietobergrenzen festgelegt hatten – mit verheerenden Folgen für den Wohnungsbau.

Den allermeisten Menschen in Deutschland geht es gut. Dennoch gibt es ein diffuses Unbehagen. Das hat mit dem Euro zu tun, mit der Sorge um den Geldwert und auch mit der Angst, die Rente könnte im Alter nicht reichen. Auch daraus resultiert der Ruf nach mehr Staat. Gerade einmal 15 Prozent sind der Ansicht, der Staat mische sich zu sehr in die Belange der Bürger ein.

Wir leben in einer zunehmend überalterten Gesellschaft. Wenn immer weniger Junge über das umlagefinanzierte Rentensystem immer mehr Alte zu finanzieren haben, stößt das System an Grenzen. Da muss die Politik auch redlich sein und das offen sagen. Deshalb ist es so wichtig, dass der Einzelne stärker als bisher für den Ruhestand vorsorgt. Es ist ja verständlich, dass Menschen gerne glauben, der Staat könne das alles für sie richten. Das Leben ist leider zu kompliziert, als dass man sagen kann, wir geben alles an Vater Staat ab und der sorgt dann für uns. Das kann der Staat finanziell gar nicht stemmen. Deshalb sind neben der privaten Vorsorge auch Betriebsrenten so wichtig. Und natürlich sind auch die eigenen vier Wände eine gute Vorsorge für das Alter. Das alles muss der Staat ermöglichen, wie er das bei der Riester-Rente auch mit Erfolg tut.

Gebietet die Redlichkeit nicht auch zu sagen, dass die Supermarkt-Verkäuferin zu wenig verdient, um sich ein Polster

fürs Alter zuzulegen oder gar eine Wohnung zu kaufen? Für Geringverdiener bleibt die staatliche Rente im Alter die Haupteinnahmequelle.

Also bei Riester ist man schon mit fünf Euro im Monat dabei und kann – je nach Familienstand – mehrere hundert Euro an Prämien kassieren. Unser Ziel muss eine wirtschaftliche Entwicklung sein, die höhere Einkommen der abhängig Beschäftigten erlaubt. Aber natürlich wird der Staat in besonderen Fällen immer helfen müssen.

„Mein Wunsch wäre eine FDP, die sich zum Leistungsprinzip, zu Markt und Wettbewerb bekennt. Eine FDP, die daher konsequent unnötige Regulierung und staatliche Planwirtschaft bekämpft; eine FDP, die weltoffen ist und die machtpolitischen Realitäten unserer Welt im Blick hat; und letztlich eine FDP, die bewusst die Leistungseliten in unserer Gesellschaft anspricht und nicht wieder den Fehler macht, eine kleine Volkspartei sein zu wollen. Eine solche FDP, da bin ich sicher, käme locker über 5 Prozent."

(EADS-Chef Tom Enders in: „Frankfurter Allgemeine Sonntagszeitung" vom 17. November 2013)

Das liberale Credo „im Zweifel für die Freiheit" unterstellt, der Mensch sei zur Freiheit geboren. Geht das nicht teilweise an der Lebenswirklichkeit vorbei? Wir haben einen zunehmenden Anteil von Kindern, die in Familien aufwachsen, wo man gar nicht lernt, mit Freiheit umzugehen. Da bleibt doch das Lob der Freiheit sehr theoretisch.

Armut ist ein Feind der Freiheit. Das kann man nicht wegdiskutieren. Deshalb wollen wir Liberale die Menschen aus prekären Lebensumständen herausholen. Es muss deshalb eine gewisse Grundsicherung geben. Wenn aber jedem Bürger im Monat ohne besondere Notlage 1000 oder gar 1500 Euro zustehen, wie das die Befürworter des bedingungslosen Grundeinkommens fordern, dann werden viele Menschen sich für immer aus der Leistungsgesellschaft ausklinken. Wir müssen deshalb die Hinzuverdienstgrenzen bei Hartz IV-Empfängern erhöhen. Bei den Kindern von Hartz-IV-Empfängern haben wir das auch gemacht. Wir haben auch das Schonvermögen gegenüber den Regelungen unter Rot-Grün deutlich angehoben. Dies muss fortgesetzt werden. Der Staat soll sozial Schwache nicht nur fürsorglich betreuen. Er muss ihnen Anreize geben, sich aus ihrer Misere herauszuarbeiten.

Die beste Vorsorge gegen jede Form von Armut ist gute Ausbildung.

Ja, das ist das Allerwichtigste. Deshalb brauchen wir verbindliche Rahmenpläne für alle Bundesländer. Es kann nicht angehen, dass Schüler aus Bremen oder Brandenburg wegen der dortigen Schulpolitik schlechtere Chancen haben als ihre Altersgenossen in Sachsen oder Bayern.

Es gibt Eltern, die können oder wollen ihren Kindern nicht bei der Ausbildung helfen. Müsste nicht auch die FDP einräumen, dass sich Chancengleichheit nicht von selbst einstellt? Das Bildungssystem ist nachweislich nicht mehr so durchlässig wie früher.

Ja, es reproduziert die sozialen Strukturen. Das ist eine erschütternde Erkenntnis der letzten Jahre. Deshalb ist der Ansatz mit Ganztagsschulen und auch Nachmittagsbetreuung richtig. Wir können es uns nicht erlauben, dass etwa zehn Prozent der jungen Leute die Schule ohne Abschluss und ohne Chance auf einen guten Ausbildungsplatz verlassen.

Der liberale Ansatz für mehr Chancengleichheit – wie müsste der aussehen?

Der Staat muss ein hervorragendes Bildungssystem anbieten, muss aber auch die Eltern motivieren, ihrer Verantwortung gerecht zu werden. Ich kann mich erinnern, wie ich in meiner Studentenzeit bei einer Aktion „Bildungswerbung" mitgemacht habe. Wir sind aufs Land gegangen und haben mit Eltern gesprochen, haben dafür geworben, dass sie ihre Kinder auf weiterführende Schulen schicken. Es müsste in Deutschland eine bürgerschaftliche Bewegung werden, bei Eltern aus bestimmten sozialen Schichten für Bildung zu werben. Der Staat muss es mit anstoßen. In den Schulen sollten nicht zu viele Experimente gemacht und die Kinder nicht als Versuchskaninchen behandelt werden. Die Vermittlung von besseren Grundfertigkeiten und mehr Basiswissen würde mehr bringen als manches pädagogische Experiment.

In der alten Bundesrepublik konnten wir viele Probleme durch Wirtschaftswachstum und höhere Steuereinnahmen lösen. Es war einfach mehr Geld da, auch für Bildung und Soziales. Heute muss der Staat an allen Ecken und Enden sparen, Stichwort Schuldenbremse. Wie sieht die liberale Antwort auf diese Herausforderung aus?

Wir müssen die Staatsaufgaben ein Stück verschieben, sie konzentrieren auf Infrastruktur und Bildung. Wir müssen die Prioritäten anders setzen.

Zur Zukunft der FDP gibt es ein Zitat des neuen Parteivorsitzenden Lindner: „Liberale ergreifen nicht Partei für diejenigen, die Macht und Privilegien besitzen, weil deren Freiheit per se gesichert ist. Wir müssen die Partei der Einsteiger, Aufsteiger und Abweichler sein, weil deren Freiheit nicht gesichert ist." Wäre das nicht eine ganz andere FDP als die bisherige?

Es war immer ein liberaler Grundsatz, dass man sich auch an die Seite der Schwachen stellt, dass man ihnen den Aufstieg ermöglicht. Unser Kampf gegen Monopole ist ja letztlich ein Kampf für die Chancen neuer, kleinerer Wettbewerber. Damit die überhaupt auf den Markt kommen können. Die Liberalen haben 1832 und 1848 zur Revolution aufgerufen, um das Macht- und Bildungsmonopol der geistlichen Obrigkeit und der Feudalherren zu brechen. Das ist heute unverändert unsere Grundauffassung.

Ich biete Ihnen zum Schluss eine Wette an: Falls die neue FDP, die Lindner-FDP, irgendwo die Chance haben wird, in eine Regierungskoalition einzutreten, wird sie Sozial-Liberal oder eine „Ampel" einer Neuauflage von Schwarz-Gelb vorziehen. Wetten, dass …?

Das hängt sicherlich von der konkreten parteipolitischen Konstellation ab. Ich halte jedenfalls dagegen. Einsatz: Eine Flasche guter deutscher Wein.

Personenregister